LA GERBILLE

Photos: Josée Lambert
Illustrations des p. 32, 33, 77, 102, 142: Michel Fleury
Gravure de la p. 10: tirée de *Le règne animal distribué selon son organisation* de Georges Cuvier, 1816-1817
Les gerbilles qui figurent sur les photos proviennent de l'animalerie Aquanimo
de Longueuil, sauf les agouti pie qui appartiennent à l'auteur.

Données de catalogage avant publication (Canada)
Tremblay, Manon, D.M.V.
La gerbille
(Nos amis les animaux)

1. Gerbilles (Animaux familiers). I. Titre. II. Collection.

SF459.G4T73 2003 636.9'3583 C2003-940519-2

DISTRIBUTEURS EXCLUSIFS:

- Pour le Canada
et les États-Unis:
MESSAGERIES ADP*
955, rue Amherst
Montréal, Québec
H2L 3K4
Tél.: (514) 523-1182
Télécopieur: (514) 939-0406
* Filiale de Sogides ltée

- Pour la France et les autres pays:
VIVENDI UNIVERSAL PUBLISHING SERVICES
Immeuble Paryseine, 3, Allée de la Seine
94854 Ivry Cedex
Tél.: 01 49 59 11 89/91
Télécopieur: 01 49 59 11 96
Commandes: Tél.: 02 38 32 71 00
Télécopieur: 02 38 32 71 28

- Pour la Suisse:
VIVENDI UNIVERSAL PUBLISHING SERVICES SUISSE
Case postale 69 - 1701 Fribourg - Suisse
Tél.: (41-26) 460-80-60
Télécopieur: (41-26) 460-80-68
Internet: www.havas.ch
Email: office@havas.ch
DISTRIBUTION: OLF SA
Z.I. 3, Corminbœuf
Case postale 1061
CH-1701 FRIBOURG
Commandes: Tél.: (41-26) 467-53-33
Télécopieur: (41-26) 467-54-66
Email: commande@ofl.ch

- Pour la Belgique et le Luxembourg:
VIVENDI UNIVERSAL PUBLISHING SERVICES BENELUX
Boulevard de l'Europe 117
B-1301 Wavre
Tél.: (010) 42-03-20
Télécopieur: (010) 41-20-24
http://www.vups.be
Email: info@vups.be

Pour en savoir davantage sur nos publications,
visitez notre site: **www.edjour.com**
Autres sites à visiter: www.edhomme.com • www.edtypo.com
• www.edvlb.com • www.edhexagone.com • www.edutilis.com

Dépôt légal: 2e trimestre 2003
Bibliothèque nationale du Québec

ISBN 2-8904-4728-6

Gouvernement du Québec – Programme de crédit d'impôt pour l'édition de livres – Gestion SODEC.

L'Éditeur bénéficie du soutien de la Société de développement des entreprises culturelles du Québec pour son programme d'édition.

Nous reconnaissons l'aide financière du gouvernement du Canada par l'entremise du Programme d'aide au développement de l'industrie de l'édition (PADIÉ) pour nos activités d'édition.

nos amis les animaux

Manon Tremblay, vétérinaire

LA GERBILLE

le jour, éditeur

À René et Jeannine Riel

Merci à Lucy Romanoff de l'animalerie Aquanimo de Longueuil de m'avoir prêté de charmantes gerbilles pour la séance de photographies.

Introduction

La gerbille de Mongolie, parfois aussi appelée la mérione de Mongolie, a su se tailler une place de choix auprès des amateurs d'animaux de petit format. Elle occupe le marché des animaux de compagnie depuis un peu plus de 30 ans après avoir commencé sa carrière en tant qu'animal de laboratoire.

Ce sont d'abord ses grands yeux superbes qui attirent l'attention. Ils donnent à la gerbille une expression tout à fait charmante, pour ne pas dire élégante. On dirait un chinchilla miniature avec ses longues pattes arrière et sa longue queue au bout touffu.

Petit animal vif et d'une curiosité sans limite, elle explore tout et n'est aucunement indifférente à son milieu. Concernée par tous les événements de la vie, elle s'enquiert de la situation dès que quelque chose de nouveau se produit. Une gerbille bien acclimatée à son environnement n'ira pas nécessairement se cacher lorsqu'un bruit insolite se fait entendre. Elle se lève plutôt sur ses pattes postérieures, alerte et fortement intéressée à déterminer ce qui a bien pu se passer. Elle aime habiter une demeure empreinte de joie de vivre. Le calme plat, ce n'est pas pour elle. Elle a besoin de s'occuper l'esprit. Les enfants, elle adore! La candeur et la spontanéité qu'ils apportent à la vie lui plaisent beaucoup. Pour une gerbille, la vie est belle quand il se passe plein de choses. Grignoter un bout de carton près de Sam lorsqu'il fait ses devoirs, faire une balade dans la maison avec lui ou explorer son chandail pendant qu'il regarde la télévision sont des activités qui font partie d'une journée bien remplie. Bien entendu, les séances de caresses sous le menton et derrière les oreilles sont toujours les bienvenues.

La gerbille ne reste pas longtemps immobile dans sa cage. Elle s'affaire avec rapidité et énergie à diverses tâches. Creuser dans les copeaux de bois, déchiqueter tout ce qui lui tombe sous la dent et construire un nid des plus douillets sont ses emplois du temps favoris. Ses comportements sont toujours amusants et divertissants à regarder. Ses tambourinages rythmés du sol avec ses pattes arrière indiquent qu'elle est effrayée, excitée ou fâchée, ou tout simplement qu'elle veut établir formellement son territoire. Des courses rapides et des sautillements accompagnent ses activités ludiques.

Petit rongeur de compagnie idéal, la gerbille est docile et facile à apprivoiser. Elle n'a aucune agressivité. Intelligente et très amicale, elle vient à la rencontre de son maître pour le saluer lorsqu'il s'approche de sa cage. Pas étonnant qu'elle gagne de plus en plus de cœurs!

CHAPITRE PREMIER

Origine, classification et variétés de pelages et de couleurs

Origine

Il existe plusieurs espèces de gerbilles. Elles occupent des niches écologiques semblables variant des steppes aux savanes jusqu'au désert chaud et aride. On les rencontre en Asie, au Moyen-Orient, en Europe de l'Est et en Afrique. Elles diffèrent par leur grosseur et la longueur de leur queue. C'est la gerbille de Mongolie (*Meriones unguiculatus*), communément gardée comme animal de compagnie, qui fera l'objet de cet ouvrage. Elle est la gerbille la plus commune et de loin la plus connue.

Des espèces plus marginales sont aussi gardées en captivité, mais rarement. Les connaissances les concernant sont fragmentaires. En attendant que de réels travaux scientifiques soient publiés à leur sujet, on peut assumer que leurs besoins sont très similaires à ceux de la gerbille de Mongolie.

Quelques espèces de gerbilles

- Grande gerbille d'Égypte (*Gerbillus pyramidum*)
- Gerbille du Pallid (*Gerbillus perpallidus*)
- Gerbille d'Égypte (*Gerbillus gerbillus*)
- Gerbille de Wagner (*Gerbillus dasyurus*)
- Gerbille de Baluchistan (*Gerbillus nanus*)
- Mérione de Lybie (*Meriones libicus*)
- Mérione de Shaw (*Meriones shawi*)
- Mérione de Sundevall (*Meriones crassus*)

Grande gerbille d'Égypte

La gerbille et la gerboise

Le nom gerbille vient du latin *gerbillus,* qui signifie petite gerboise. La gerbille n'est cependant pas une gerboise, bien que les deux appellations soient parfois confondues. En réalité, ce sont de proches cousines mais aux allures très peu similaires. La gerboise (*Jaculus sp*) vit dans les déserts sablonneux du nord de l'Afrique et du sud-est de l'Asie. Elle habite des terriers très semblables à ceux de la gerbille. Elle est parfois gardée comme animal de compagnie mais il est très difficile de s'en procurer, sans doute parce qu'elle ne se reproduit que difficilement en captivité. L'apparence de la gerboise est surprenante. Le corps est compact, le cou semble quasi inexistant. Sa queue d'une longueur démesurée est coiffée à son extrémité d'une touffe de poils blancs précédés de poils noirs. Cette terminaison caudale bicolore servirait d'élément distrayant pour le prédateur. L'attention de ce dernier étant détournée vers cet artifice grouillant et peu discret, la gerboise profite de ces quelques secondes d'inattention pour se défiler. Vaut mieux perdre un bout de queue que la vie! Les très longues pattes arrière de ce rongeur peu banal lui permettent d'effectuer des bonds de plus d'un mètre à la fois. On dirait un véritable petit kangourou.

Gerboise

Animal nocturne, la gerboise peut parcourir près de 15 km au cours d'une seule nuit. Seulement trois orteils charnus sont présents aux pieds arrière. Juste en dessous, il y a une frange épaisse de poils qui facilite les déplacements sur le sable très fin. Les yeux et les oreilles sont également très grands. De longs appendices (pattes, queue, oreilles) caractérisent les espèces vivant dans les climats très chauds. C'est là un moyen efficace d'évacuer la chaleur corporelle excédentaire. Le pelage de la gerboise est de couleur brun sable alors que son abdomen est blanc. Deux espèces de gerboises sont susceptibles d'être rencontrées chez les marchands d'animaux : *Jaculus jaculus* et *Jaculus orientalis.*

Tableau comparatif des deux espèces

	J. jaculus	*J. orientalis*
Longévité	5 à 6 ans	5 ans
Personnalité	solitaire	grégaire
Gestation	23 à 25 jours	environ 40 jours
Poids	50 à 70 grammes	110 à 145 grammes
Longueur du corps	10 à 15 cm	13 à 16 cm
Longueur de la queue	——	19 à 24 cm
Nom commun	——	grande gerboise
Nom anglais	Lesser jerboa	Great Egyptian jerboa

L'alimentation de la gerboise gardée en captivité est comparable à celle de la gerbille. Les besoins pour le logement sont aussi les mêmes ; il suffit d'ajuster la grandeur de l'espace vital en fonction de la grosseur des animaux hébergés. Cela est particulièrement vrai en ce qui concerne *J. orientalis,* dont la stature est assez imposante. Dans la nature, la gerboise effrayée projette du sable à la figure de son assaillant à l'aide de ses pattes. En captivité, elle est reconnue comme ayant un bon tempérament. Il est donc peu probable que vous receviez une montagne de copeaux de bois à la figure en guise de bienvenue lorsque vous vous approcherez de la cage.

Encore de la parenté : le duprasi

Tout récemment le duprasi (*Pachyuromys duprasi*) a fait son entrée dans certaines animaleries. Le mignon petit rongeur gagne depuis en popularité et c'est bien facile à comprendre. Il est doux et docile. Très calme, il a tendance à rester dans la main plutôt que de tenter de s'enfuir. Il lui arrive même de s'y endormir si les caresses qui lui sont prodiguées lui plaisent bien. Il ne possède pas la vivacité d'esprit et la curiosité légendaires de la gerbille, ni son énergie débordante. Son comportement se rapproche plutôt de celui du hamster. Les gestes rapides et brusques, ce n'est pas pour lui. On pourrait même oser dire qu'il est un peu paresseux. Il est actif le jour, mais ses périodes d'activité sont entrecoupées par des séances de repos. Le duprasi dort profondément et, tout comme le hamster, il n'aime pas se faire réveiller brusquement. Dans ce cas, il pourrait mordre. Le duprasi est un petit animal de compagnie tout simple qui ne s'en fait pas avec la vie. De nature sociale, il aime vivre en colonie. Il est encore difficile de s'en procurer en raison de sa rareté. Il se reproduit difficilement en captivité.

Nom latin :	*Pachyuromys duprasi*
Noms français :	duprasi, gerbille à grosse queue, souris à queue grasse, souris à grosse queue
Nom anglais :	Fat tail gerbil

Origine

Le duprasi vit dans les déserts chauds et très secs du nord du Sahara, au nord de l'Afrique (du Maroc de l'ouest à l'Égypte). Il creuse des terriers compliqués composés de tunnels pouvant s'étendre jusqu'à près de 3 m sous le sol. Les femelles sont parfois dominantes et territoriales, particulièrement lorsqu'elles sont gestantes et qu'elles allaitent leurs petits.

Une anatomie particulière

Le duprasi est trapu. Son corps est compact et son cou ne se démarque pas de façon évidente. Il est enveloppé d'une fourrure dense, épaisse et ultrasoyeuse (rappelant un peu celle du chinchilla) qui contribue grandement à lui donner une allure de petit gros. Un bain de sable est nécessaire à l'entretien et à la santé de ce pelage. Le duprasi est de couleur beige sable à blond avec quelques reflets gris. Son abdomen est blanc. Une petite tache blanche est visible derrière chaque oreille. Sa face est délicate et terminée par un petit museau pointu muni de longues vibrisses. Avec un peu d'imagination, on peut distinguer des traits faciaux du renard. Sa queue remplit la même fonction que les bosses du chameau : elle sert de réserve de gras. Tout comme le chameau, le corps du duprasi a la possibilité d'utiliser cette réserve de graisse pour la transformer lorsque le besoin s'en fait sentir, en énergie ou en eau métabolique. Cela est bien pratique pour survivre aux rigueurs du désert où le ravitaillement est parfois ardu. Un duprasi en santé possède une grosse queue charnue. S'il est privé de nourriture ou s'il est malade, sa queue rapetisse. Une femelle qui allaite ses petits voit également fondre un peu sa queue. La queue du duprasi est glabre et rose.

L'alimentation

Les réels besoins alimentaires du duprasi n'ont pas encore été déterminés avec exactitude. Plusieurs s'entendent pour dire qu'il est insectivore. Offrez-lui une variété d'aliments : insectes (vers de farine, criquets), moulée pour chats, moulée à hérissons (animal insectivore). Les mélanges de grains pour petits rongeurs, le foin sec, les fruits et les légumes ne seront offerts qu'occasionnellement. L'obésité et les problèmes de santé surviendront s'il consomme trop de grains, qu'il affectionne particulièrement. Le duprasi boit peu, il urine donc peu. Malgré cela, de l'eau fraîche doit être disponible en tout temps.

Le logement

Suivez les mêmes recommandations que pour la gerbille.

Les données anatomiques et physiologiques

Longévité : environ 3 à 5 ans
Poids : 40 à 90 grammes
Longueur du corps : 8 à 13 cm
Longueur de la queue : 4,5 à 6 cm
Maturité sexuelle : 2,5 à 3,5 mois
Gestation : 19 à 23 jours
Nombre de petits par portée : 3 à 6
Âge au sevrage : 3 à 4 semaines
Détermination des sexes : la distance entre l'organe génital et l'anus est plus grande chez le mâle
Période de reproduction : toute l'année

La parade nuptiale s'accompagne de sifflements alors que le mâle et la femelle se tiennent sur leurs pattes arrière et semblent danser. Si la femelle n'est pas réceptive, elle signifie son refus au mâle en lui projetant des copeaux de bois à la figure !

Les femelles ont tendance à ne pas endurer le mâle lorsqu'elles sont gestantes. Séparez-les s'il y a conflit. Juste avant de mettre bas, elle s'affaire à construire un nid douillet. En raison de sa nervosité accrue en cette période, ne touchez pas à ses rejetons avant qu'ils soient sevrés.

Remarque

Le duprasi n'étant gardé en captivité que depuis peu, il est encore mal connu. Ces connaissances ne sont pas définitives et devront être révisées au fur et à mesure que de nouvelles données scientifiques seront disponibles. Afin de vous tenir à jour, consultez un vétérinaire spécialiste des animaux exotiques. Il vous renseignera sur les plus récents développements.

La gerbille, une guerrière à ses heures

La gerbille s'est vue décerner le nom scientifique de *Meriones unguiculatus* en raison de ses comportements parfois assez belliqueux envers ses congénères issus d'un autre clan. *Meriones* est le nom d'un guerrier de la mythologie grecque qui se glorifiait de porter un casque orné de dents de sanglier. *Unguiculatus* est un mot latin qui signifie « avec des griffes ». La gerbille est donc considérée comme étant une guerrière avec des griffes. À mon avis, cette association imagée est quelque peu exagérée.

La gerbille est originaire de Mongolie, du sud de la Sibérie et du nord-est de la Chine, incluant les provinces de Mandchourie et de Sinkiang. Animal sociable, elle vit en groupes de plusieurs individus. Les relations sociales sont bien développées au sein de la communauté. Elles s'entraident, se construisent un nid ensemble et se toilettent mutuellement. Un rang social est assigné à chacune. Elle vit dans un environnement semi-désertique composé de steppes et de plaines semi-arides. Le climat y est assez rigoureux; peu de précipitations (moins de 230 mm par année), des hivers froids, secs et longs (octobre à avril), des étés chauds.

Les températures peuvent donc varier de -40 °C à 50 °C au cours d'une année. Il existe aussi une variation de température marquée entre la nuit et le jour. La gerbille se protège de ces écarts en se terrant dans de profonds terriers qu'elle creuse avec un plaisir évident. Plusieurs galeries (parfois longues de 2 à 3 m) réunissent de nombreuses chambres. Installées à différentes profondeurs (parfois plus de 2 m), les gerbilles peuvent toujours occuper celle dont l'ambiance est la plus confortable, quels que soient les caprices de Dame Nature. Ce véritable labyrinthe souterrain communique avec la surface par de nombreuses entrées. Ces accès sont préférablement camouflés près de bosquets et de touffes d'herbes. C'est beaucoup plus discret et sécuritaire. Cette façon de faire sécurise les gerbilles qui ont parfois à se cacher rapidement à la vue d'un prédateur. En hiver, la plupart des ouvertures sont calfeutrées. La colonie s'est fait d'impressionnantes réserves de victuailles afin de survivre à la saison froide. Les gerbilles n'hibernent pas. Certains terriers contiennent près de 20 kg de nourriture! Les gerbilles se nourrissent d'herbages, de grains et d'insectes selon la saison. Dans un groupe de gerbilles, il s'établit une hiérarchie dominée par un couple qui a le privilège de se reproduire. Les femelles sont les dominantes. Lorsque les petits ont atteint leur maturité sexuelle, les femelles ayant le caractère le plus fort partiront pour fonder leur propre clan. Bien que les individus provenant d'un même groupe s'entendent bien, de violentes batailles sont inévitables si deux étrangers se rencontrent. Les gerbilles se comportent alors comme de véritables petites guerrières...

La domestication de la gerbille

Le 14 avril 1866, un biologiste français nommé Abb David captura trois gerbilles lors d'une expédition en Chine et en Mongolie. Il fut le premier à observer et à décrire cet animal dans son habitat naturel. Il écrit dans son journal : « Ce matin, j'ai attrapé trois rats jaunes. Je ne connais pas leur nom mais ils ont une longue queue touffue. »

En 1935, le Dr Kazuga capture une vingtaine de couples de gerbilles dans la région du bassin du fleuve Amour en Mongolie et en Mandchourie. Ces gerbilles ont été apportées à l'Institut Kitasato de Berlin et ont été soumises à un programme de reproduction.

En 1954, le Dr Victor Schwentker a importé aux États-Unis (Tumblebrook Farm, Brant Lake, New York) 11 des couples provenant de l'Institut Kitasato. Ces gerbilles ont d'abord servi d'animaux de laboratoire. Étant donné leur personnalité exceptionnelle, certains des individus ont pris le chemin du marché des animaux de compagnie. Les gerbilles nord-américaines sont probablement toutes leurs descendantes. Le Dr Schwentker fut donc un pionnier dans la reproduction et la distribution de la gerbille en Amérique du Nord.

La recherche et les laboratoires : une réalité pour les gerbilles

Utilisée, entre autres, pour étudier le diabète et l'épilepsie, la gerbille est très populaire chez les chercheurs. Sa petite taille en fait un animal facile à garder et sa grande capacité de reproduction permet d'obtenir rapidement et aisément plusieurs générations successives. Les gerbilles peuvent certainement s'enorgueillir d'avoir contribué à l'avancement de la science et, par là, d'avoir sauvé des vies humaines. Se cache cependant derrière cette mission honorable une triste réalité ; on effectue souvent avec ces animaux des expériences inutiles. Il arrive aussi que les projets de recherche utilisent plus d'animaux que nécessaire. Heureusement, certains pays se sont dotés de lois et de règlements afin de contrôler un peu plus ce genre d'activités et des comités de surveillance ont été mis sur pied. Le Conseil canadien de protection des animaux en est un exemple.

Des chiffres éloquents

Le Conseil canadien de protection des animaux publie des statistiques impressionnantes. En 1998, au Canada seulement, on a utilisé dans les laboratoires 1 765 973 animaux de toutes sortes – chiens, chats, primates, rats, souris, gerbilles, et autres. Si vous êtes intéressé à en savoir plus sur le sujet, visitez leur site : www.ccac.ca

Classification

La gerbille est un rongeur. Pour bien l'identifier, voici sa carte d'identité, c'est-à-dire sa classification scientifique.

Embranchement : vertébré
Classe : mammifère
Ordre : rongeur
Sous-ordre : myomorphe
Famille : muridé
Sous-famille : gerbilliné
Genre : Meriones
Espèce : *Meriones unguiculatus*
Nom commun : gerbille de Mongolie

Reprenons ici chacun des éléments de cette classification.

• Vertébré : l'embranchement des vertébrés comprend tous les organismes du règne animal qui possèdent une colonne vertébrale et un squelette. Il se divise en cinq groupes : poissons, batraciens, reptiles, oiseaux et mammifères.

• Mammifère : la gerbille est un animal à sang chaud dont la pilosité corporelle est bien développée. La femelle possède des mamelles pour allaiter ses petits.

• Rongeur : la caractéristique commune à tous les rongeurs est de posséder quatre incisives bien développées et tranchantes. Ils ne possèdent pas de canines, on trouve à leur place un espace vide appelé diastème. Le mot rongeur vient du mot latin *rodere,* qui signifie ronger.

• Myomorphe : les animaux de ce groupe ont des caractéristiques communes quant à l'anatomie de leur crâne.

• Muridé : faire partie de la famille des muridés signifie que l'animal est un petit rongeur à longue queue.

• Gerbilliné : ce groupe comprend les gerbilles, les rats des sables et les mériones.

• Meriones : vraie gerbille.

• *Meriones unguiculatus*: il s'agit du nom latin donné à la gerbille. C'est son identification la plus précise.

L'ordre des rongeurs comprend un très grand nombre d'individus et compte plus de 1800 espèces distinctes. On estime que cela représente près de la moitié des espèces connues de mammifères. Leur classification scientifique est parfois complexe. La taxinomie (classification des êtres vivants) est une science en constante évolution et les taxinomistes ne s'entendent pas tous. De légères variations de classification peuvent survenir d'un auteur à l'autre, mais les grandes lignes demeurent communes.

Je vous présente ici, à titre d'information, quelques-uns des cousins plus ou moins rapprochés de la gerbille, ainsi que leur lien de parenté avec elle. Il est intéressant de savoir que l'ordre des rongeurs est divisé en trois sous-ordres : les sciuromorphes, les myomorphes et les hystricomorphes. Cette sous-division se base sur des similitudes et des différences anatomiques subtiles bien précises concernant le crâne, la mandibule et les muscles de la mastication. Chacun de ces sous-ordres est lui aussi divisé en catégories distinctes appelées des familles. Elles ne sont pas toutes énumérées ici. Celles qui présentent un intérêt pour nous sont présentées dans le tableau qui suit.

Ordre des rongeurs

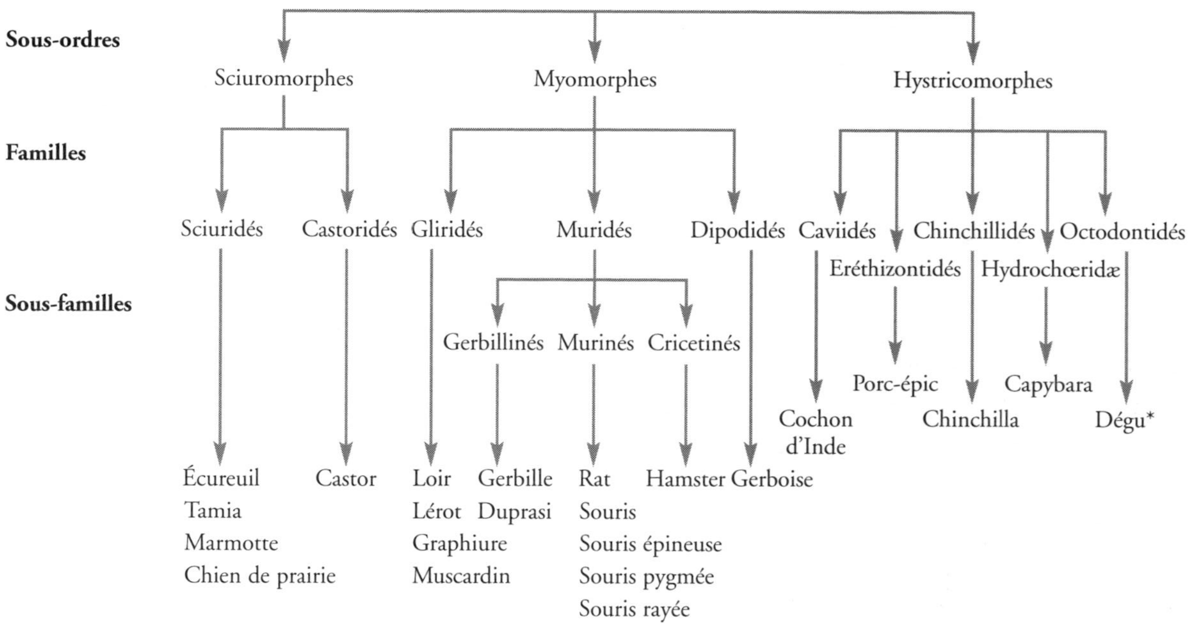

*Dans le langage populaire, l'anglicisme « dégu » est couramment utilisé. En français, on le traduit parfois par les termes « octodon » et « dègue du Chili ».

La sous-famille des gerbillinés comprend plusieurs genres. En voici quelques exemples :

- *Meriones* : vraie gerbille
- *Pachyuromys* : gerbille à queue grasse
- *Gerbillus* : gerbille pygmée du nord
- *Gerbillurus* : gerbille pygmée du sud
- *Tatera* : grande gerbille à sole nue
- *Taterillus* : petite gerbille à sole nue
- *Psammomys* : rat des sables

Le lapin, un imposteur

Contrairement à la croyance populaire, le lapin n'est pas un rongeur (simplicidenté). Il est classé dans l'ordre des lagomorphes (duplicidenté). En effet, la présence d'une petite paire d'incisives additionnelles, bien cachées derrière les incisives supérieures, le distingue des rongeurs. Le lagomorphe possède donc six incisives (quatre supérieures et deux inférieures), alors que les rongeurs n'en possèdent que quatre.

Quelques faits intéressants à propos des rongeurs

Les rongeurs habitent notre planète depuis déjà un bon moment. En effet, le plus vieux fossile de rongeur connu date d'environ 60 millions d'années. Le succès des individus de cet ordre tient dans leur grande faculté d'adaptation. On en trouve à peu près sous tous les climats de la planète : le lemming dans les régions polaires, le capybara sous les tropiques et les gerbilles adaptées aux rigueurs du désert. Les rongeurs ont aussi adopté avec succès plusieurs modes de vie : le castor dans les cours d'eau, l'écureuil qui vole dans les airs, la taupe dans ses galeries souterraines, le chinchilla dans les hautes montagnes, l'écureuil dans les forêts ou dans les villes, et la souris dans les demeures des humains.

Le plus petit et le plus gros des rongeurs

La petite souris africaine, (*Mus minutoides*) détient le record du plus petit rongeur. Elle ne mesure pas plus de 5 cm (2 po) et pèse en moyenne de 8 à 12 g (env. ⅓ oz). Connue sous le nom de souris pygmée, elle est parfois élevée en captivité et est très appréciée comme animal de compagnie. Vous trouverez une description et des photos de cette souris dans le livre intitulé *La souris* (Le Jour, éditeur, 2001).

Souris pygmée d'Afrique

À l'opposé, le capybara (*Hydrochœrus hydrochæris*) qui vit dans les cours d'eau et les marécages des forêts tropicales d'Amérique centrale et d'Amérique du Sud est, à coup sûr, le plus imposant des rongeurs. On dirait un gros cochon d'Inde à longues pattes. Il pèse entre 29 et 79 kg (entre 64 et 174 lb) et mesure environ 1,20 m (4 pi). Sa stature imposante cache une personnalité discrète et timide. Animal très sociable, il apprécie la compagnie et vit en petits groupes. Son pelage brun-roux lui permet de bien se dissimuler aux yeux de ses prédateurs, le caïman, le jaguar et l'humain. En captivité, il vit en moyenne une douzaine d'années. Si vous avez la chance de passer dans la région de Montréal, n'hésitez pas à visiter le Biodôme. Un couple de ces fascinants rongeurs vit paisiblement dans la serre de la forêt tropicale. Site Web du Biodôme: www.ville.montreal.qc.ca/biodome/bdm.htm

Capybara

Les variétés de pelages et de couleurs

La liste des variétés de pelages que je vous présente ici n'est pas complète. Elle vous servira simplement de guide afin de pouvoir identifier la plupart des gerbilles. La perception des couleurs est subjective, il est toujours difficile d'être formel. Notez aussi que des variations de terminologie sont fréquentes d'un éleveur à un autre ou d'un club d'amateurs à un autre, spécialement s'ils sont de différents continents. D'autres couleurs sont aussi susceptibles d'apparaître dans le futur, résultats de nouvelles mutations et de nouveaux croisements.

Il existe d'abord des gerbilles au pelage régulier dont les poils sont courts, droits et doux, et d'autres sans poils. La gerbille est alors complètement nue. L'absence de poils n'est pas le résultat d'une maladie mais d'une mutation génétique. Ces individus naissent ainsi et sont porteurs d'un gène qui sera transmis à certains de leurs descendants. Ceux-ci auront alors la même caractéristique qu'eux. Ces gerbilles nécessitent seulement qu'on prête un peu plus d'attention à leur environnement, car elles sont plus frileuses. Leur apparence est toujours surprenante. Certains individus arborent quelques vibrisses frisées.

Il existe plusieurs couleurs de pelage chez la gerbille. Seules les plus communes seront décrites ici.

- Agouti : c'est un patron de couleur bien précis et caractéristique. C'est en fait la couleur de la gerbille sauvage. Elle procure un outil de camouflage très efficace à cette petite créature qui vit en terrains arides et sablonneux. L'oiseau de proie qui survole le désert aura probablement de la difficulté à percevoir la gerbille immobile dont le pelage se fond dans le décor. Les poils sont brun sable et leur extrémité est noire, mais sur quelques millimètres à peine. L'abdomen est beige pâle. Cette coloration différente de la partie ventrale de l'animal a également sa raison d'être. La couleur pâle absorbe très peu la chaleur venant du sable rendu brûlant par les rayons du soleil. Voilà une adaptation supplémentaire (voir la section sur la glande de Harder, p. 35) afin de maintenir la température corporelle stable (thermorégulation). Les yeux de ces gerbilles sont noirs.
- Albinos : l'albinisme est le résultat d'un gène manquant, celui qui programme la fabrication des pigments de couleur de la peau et des poils. La gerbille albinos est d'un blanc immaculé sur tout le corps et ses yeux sont rosés.
- Blanc : la gerbille blanche n'est pas nécessairement albinos. Si les yeux sont noirs ou que quelques poils colorés sont visibles à travers le pelage blanc, on ne peut plus la qualifier d'albinos. Il existe des gerbilles blanches aux yeux noirs et d'autres blanches aux yeux rouges.

- Noir : le pelage de tout le corps et les yeux sont noirs.
- Beige : différentes tonalités de beige sont possibles (du reflet grisâtre au reflet orangé en passant par le doré). L'abdomen est soit de la même couleur que le dos, soit blanc cassé. Les yeux sont noirs ou rubis.
- Gris : le pelage de tout le corps est gris pâle ou gris foncé. Les yeux sont noirs.
- Siamois : le corps est de couleur uniforme et les pointes (museau, pattes, queue et oreilles) sont plus foncées. On rencontre ces gerbilles dans les tons de brun-beige et de gris-bleu.

Plusieurs gerbilles possèdent des taches blanches à travers leur pelage, quelle qu'en soit la couleur. Ce pelage composé de deux couleurs dont l'une est obligatoirement le blanc est qualifié de pie. Le nombre, la distribution, la forme et la grandeur de ces taches varient énormément d'un individu à l'autre. Il existe donc une variété infinie de pelages pie. Certains modèles ont cependant leur propre dénomination, en voici des exemples.

- Gerbille à collier : une bande blanche ceinture le cou.

- Gerbille rayée : une petite ligne blanche court entre les yeux seulement.

- Gerbille hollandaise : la moitié arrière du corps est colorée et la moitié avant est blanche. Un masque de la même couleur que l'arrière couvre la région des joues, des yeux et des oreilles, mais pas le dessus du nez. Une bande blanche et étroite court sur le museau et entre les yeux jusqu'à l'arrière du cou. Le bout des pieds est également blanc.

- Gerbille tachetée : en plus des marques blanches sur le dos, l'abdomen est aussi blanc.

CHAPITRE II

Anatomie et physiologie

L'anatomie très particulière de la gerbille est le résultat de la sélection naturelle. Son environnement et son mode de vie sont responsables de quelques-unes de ses caractéristiques anatomiques et physiologiques. En vivant dans un environnement sec, où l'eau se fait vraiment rare, la gerbille a développé des mécanismes de conservation de l'eau efficaces ; son urine est concentrée, ses selles sont sèches et elle ne perd pas de liquide corporel en suant ou en haletant. En tant que proie, elle se doit d'être très attentive à la présence des prédateurs, si bien que ses sens se sont développés tout particulièrement. Elle doit aussi être capable de se sauver rapidement, ce qui demande de l'agilité et de la puissance.

Le système musculo-squelettique

La gerbille fait preuve d'une souplesse et d'une rapidité étonnantes lorsqu'elle se déplace. Son corps est propulsé par des pattes arrière fortes. Leur musculature bien développée permet à la gerbille d'effectuer des sauts impressionnants (jusqu'à 15 cm de haut et 45 cm de long). Les pattes arrière participent aussi au toilettage quotidien. Les cinq petits doigts munis de griffes servent à gratter la peau et à déloger les saletés incrustées. Les pattes de devant sont petites et délicates. Elles possèdent quatre doigts courts et un pouce très rudimentaire. Elles peuvent sembler sous-développées par rapport aux pattes arrière, mais elles exercent en fait une fonction différente ; elles servent à manipuler la nourriture et à creuser.

La petite taille de la gerbille lui permet de s'échapper facilement dans les moindres petits espaces. Le balancement rapide de sa longue queue l'aide à conserver son équilibre pendant ses courses folles et sert de gouvernail lorsqu'elle saute. Si vous manipulez votre gerbille, elle tourne parfois sa queue rapidement. Ce n'est qu'un réflexe pour rétablir l'équilibre qu'elle a l'impression de perdre.

La gerbille fouisseuse

Dans la nature, la gerbille creuse de profonds terriers composés de plusieurs chambres reliées par des tunnels. Ses pattes avant, courtes mais puissantes et dont les doigts sont munis de robustes griffes pointues, assurent à la gerbille toute la force nécessaire pour forer dans le sol. Travailleuse inlassable, la gerbille s'affaire avec enthousiasme et rapidité.

La gerbille nageuse

La gerbille est une très mauvaise nageuse. Une gerbille mouillée qui n'a pas la possibilité de se sécher rapidement tombe souvent malade. La plupart évitent toute occasion de se mouiller. Dans de l'eau froide, elle perd rapidement sa chaleur corporelle en raison de sa très petite taille et sa vie est alors en danger. Faites attention que les très jeunes gerbilles ne tombent accidentellement dans le bol d'eau. Il vaut mieux installer un minuscule récipient qui sera rempli plus fréquemment ou tout simplement une bouteille distributrice d'eau.

De jolies petites pantoufles

Le dessous des pattes de la gerbille est formé de petits coussinets de chair appelés callosités plantaires. Ils rendent sa démarche silencieuse. On pourrait les comparer à des semelles antidérapantes. Elles absorbent les chocs lorsque la gerbille saute et l'empêchent de glisser quand elle court. Ces coussinets sont sensibles et peuvent parfois s'irriter. Les fonds de cage grillagés et l'accumulation d'urine et de selles sont des facteurs contribuant à l'apparition de problèmes. En cas de rougeur, d'enflure ou de blessure sur les coussinets, consultez votre vétérinaire et modifiez l'environnement de l'animal.

Le système digestif

La gerbille est herbivore et granivore mais elle ne dédaigne pas un petit insecte à l'occasion. La forme de son estomac est particulière et empêche tout retour d'aliments vers le haut. Il lui est donc impossible de vomir. Cette incapacité physique caractérise aussi le lapin, le rat, la souris, le chinchilla et le cheval, pour ne nommer que ces animaux. Par conséquent, il n'est pas nécessaire, ni recommandé, de faire jeûner la gerbille avant une anesthésie générale. L'individu privé de nourriture tombe rapidement en hypoglycémie (taux de sucre sanguin trop bas).

Cette situation n'est pas souhaitable et peut même prolonger la convalescence.

Le système digestif de la gerbille est adapté à la conservation de l'eau, une caractéristique bien utile pour une espèce vivant dans un climat désertique où l'eau se fait rare. Les selles sont petites, ovales, noires et fermes. Il est tout à fait normal que la gerbille consomme certaines d'entre elles. Ce comportement, connu sous le nom de coprophagie, est nécessaire à la santé de l'animal. Il récupère ainsi certaines vitamines du complexe B.

Les dents

La gerbille possède 16 dents: 2 incisives supérieures, 2 incisives inférieures, 6 molaires supérieures, 6 molaires inférieures. C'est une dentition assez minimale sans canines ni prémolaires. À la place des canines se trouve un espace vide appelé diastème.

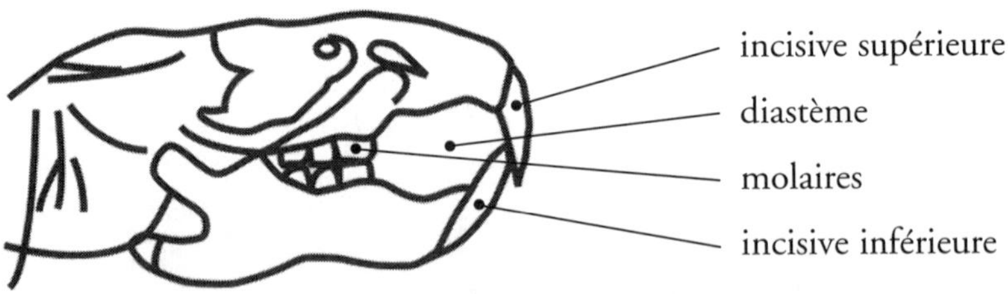

Crâne vu de côté

La structure de la dent

Les incisives normales de la gerbille sont orangées. Elles poussent continuellement, pendant toute la vie. Les incisives inférieures sont environ trois fois plus longues que les supérieures. C'est logique car leur vitesse de croissance est trois fois plus rapide. Les gens pensent souvent à tort que ces dents sont trop longues. Les incisives s'usent grâce aux

Gerbilles agouti pie

Gerbille agouti pie

Gerbille agouti pie

Gerbille beige

Gerbille agouti pie

mouvements de la mastication et lorsque l'animal ronge. Elles sont recouvertes d'émail très dur sur leur face antérieure et de dentine plus friable sur leur partie postérieure. Il en résulte une usure plus rapide de la partie arrière. Vues de côté, les incisives sont donc usées en biseau, ce qui les rend tranchantes.

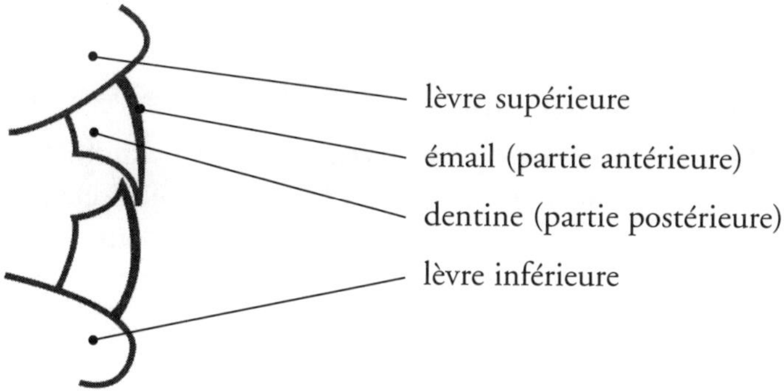

Incisives vues de côté

Voilà pourquoi il est si facile pour ce petit animal de tout ronger. Ses morsures surprennent et occasionnent un réel désagrément. Une personne mordue doit bien désinfecter la plaie et consulter un médecin si des signes d'infection se manifestent (enflure, douleur excessive, élancement, écoulement de pus). Il est exceptionnel qu'une gerbille apprivoisée morde. Il se peut cependant qu'elle le fasse si elle est surprise, si elle souffre, si elle se sent prise ou si elle est très effrayée.

Les molaires, bien cachées au fond de la bouche, ne sont pas des dents à croissance continue.

Les sens

Les sens de la gerbille sont très aiguisés. Grâce à eux, elle tire de son milieu un maximum de données sensorielles.

La vue

Des yeux adaptés à la pénombre

Les yeux de la gerbille sont capables de bien voir tant dans la pénombre qu'à la lumière du jour. Ces yeux globuleux qui semblent presque sortis de leur orbite offrent une grande surface qui permet de capter le peu de lumière d'un environnement sombre. Un simple clair de lune lui suffit pour bien voir.

Une capacité visuelle limitée

La gerbille ne jouit pas d'une bonne acuité visuelle. Elle ne voit pas bien les détails et distingue plus facilement les objets en mouvement ainsi que les ombres. La gerbille compte également sur ses vibrisses et son odorat pour s'orienter.

Un grand champ de vision

L'implantation latérale des globes oculaires permet à la gerbille de bénéficier d'un grand champ de vision (au-dessus, en avant et en arrière). Cette particularité est très utile pour cet animal, qui est une proie convoitée par de nombreux prédateurs. La gerbille peut donc voir venir le rapace qui plane au-dessus d'elle ou le renard qui s'approche par l'avant ou par l'arrière. En captivité, elle garde encore son instinct : elle est mal à l'aise quand une ombre passe au-dessus d'elle. Pour aborder votre animal, placez votre main sur le côté ou sur le devant. Elle appréciera sûrement cette attention.

La glande de Harder

« Ma gerbille saigne du nez ! » C'est ce que pensent la plupart des gens quand ils aperçoivent un liquide rouge s'accumuler dans les poils autour du nez de leur gerbille. Cette sécrétion est en fait composée de larmes teintées par les sécrétions provenant de la glande de Harder. Ces larmes ont emprunté le canal nasolacrymal (qui va de l'œil au nez) pour finalement se déverser dans les narines et déborder sur les poils qui les entourent. Cette grosse glande, ainsi nommée en l'honneur de l'anatomiste Jakob Harder, qui l'a découverte au XVIIe siècle, est située derrière chaque globe oculaire. Les sécrétions qu'elle fabrique sont lipidiques et riches en pigments de porphyrine rouge. Elles lubrifient l'œil et les paupières. Produites en petite quantité, on ne les remarque pas. La gerbille les étend sur son pelage au cours de son toilettage quotidien. Dans certaines situations cependant, un surplus de ces larmes rouges déborde autour d'un ou des deux yeux, ou encore autour des narines, et donne franchement l'impression que la gerbille pleure du sang ou saigne du nez. Pour vous rassurer, observez bien votre animal. Ses larmes sont rouge brique et non rouge sang. Les sécrétions de la glande de Harder deviennent fluorescentes à la lumière bleue d'une lampe spéciale. C'est un test que votre vétérinaire utilise à l'occasion. C'est une méthode pour les différencier formellement du sang. Ne soyez pas surpris de voir les pattes avant de votre gerbille toutes rouges. Elle s'est probablement tachée en nettoyant son museau souillé.

Bien qu'il soit rare d'observer une surproduction de « larmes rouges » chez la gerbille, elle se produit lorsque :

- la gerbille subit un stress très intense ;
- la gerbille est atteinte d'une infection qui irrite ses glandes de Harder, et cela est particulièrement vrai dans le cas d'infections respiratoires ;
- la gerbille est mise en présence de substances irritantes (exemple : copeaux de cèdre) ;
- la gerbille vit dans un environnement trop chaud et humide.

La glande de Harder participe à la thermorégulation

Alors qu'elle fait sa toilette, la gerbille mélange à sa salive les sécrétions des glandes de Harder accumulées aux yeux et aux narines. Elles sont ainsi distribuées sur tout le pelage. La fréquence du toilettage est modulée par la température ambiante. S'il fait frais et que la gerbille ressent le besoin d'augmenter sa température corporelle, elle se toilette plus et étend donc plus de sécrétions sur ses poils. La composition lipidique de la substance permet une absorption de la chaleur radiante du soleil et offre en même temps une isolation efficace. En contrepartie, si la gerbille doit se rafraîchir par temps chaud, les glandes de Harder diminuent au maximum leur production de sécrétions. Les résidus accumulés sur le pelage sont éventuellement enlevés par les bains de sable. La gerbille n'utilise alors que de la salive pour se toiletter. Par cette action, elle enlève les restants de résidus de porphyrine sur son pelage (il y a donc moins d'isolation thermique et moins d'absorption de chaleur). De plus, la salive, qui est composée principalement d'eau, rafraîchit l'animal en s'évaporant. Il est primordial que la gerbille puisse avoir accès à un bain de sable chaque jour. Sans lui, son pelage devient huileux et terne, surtout par temps chaud et humide.

Remarques

- Il est possible qu'une gerbille devienne aveugle à la suite d'une maladie (infection, cataracte, etc.). Ce handicap ne nécessite cependant pas automatiquement l'euthanasie. Une gerbille aveugle apprend facilement à fonctionner dans sa cage, à condition que les accessoires ne soient pas constamment déplacés. La gerbille aveugle est beaucoup plus calme, mais demeure quand même active.
- Une gerbille aux yeux rouges est plus sensible à la lumière vive comme le plein soleil, qui les irrite passablement. Son acuité visuelle est alors un peu moins bonne.

L'ouïe

Les pavillons des oreilles de la gerbille sont couverts de petits poils, et leur peau est mince et fragile. Elle les tient rabattus sur le côté de sa tête lorsqu'elle est inquiète ou fâchée. Elle les tient bien droits quand elle explore ou quand elle est heureuse et en pleine confiance.

La gerbille attentive

Peu de sons échappent à la gerbille, même les ultrasons, que les humains ne peuvent entendre. Elle est toujours à l'affût. Les pavillons de ses oreilles sont grands. Cela lui permet de localiser et de bien identifier les bruits.

L'effet de la musique

La musique adoucit les mœurs, dit-on. Eh bien, j'ajouterai même celles des gerbilles ! Ces singulières mélomanes semblent tout particulièrement transportées par la musique classique. Elles réagissent positivement à ce type de mélodies. Alors n'hésitez pas à faire écouter de la musique douce à votre gerbille.

Le toucher

Les vibrisses

Les vibrisses d'un animal jouent un rôle de premier plan dans la transmission des sensations tactiles. Chez la gerbille, elles représentent le complément idéal à la vue. Elles informent l'animal sur son environnement immédiat. Par exemple, votre gerbille n'a qu'à passer la tête dans un orifice pour savoir si le reste de son corps peut passer. La gerbille possède des vibrisses autour du nez et sur les joues, et d'autres très petites autour de la bouche et au-dessus des yeux. Elles sont ultrasensibles et détectent même de faibles déplacements d'air.

L'odorat

La gerbille a bon nez. Son odorat étant bien développé, son nez lui fournit donc une foule de renseignements. Renifler les odeurs est, chez les animaux, un mode de communication très important. Le mâle peut reconnaître une femelle en chaleur. La gerbille identifie aussi son maître à sa seule odeur.

Des odeurs perceptibles par les gerbilles seulement

Comme plusieurs animaux, la gerbille communique avec ses congénères à l'aide d'odeurs corporelles et de phéromones. Ce phénomène implique tout particulièrement une glande cutanée, la glande ventrale. Elle est située juste au-dessous de l'animal, sur son abdomen. Elle est ovale et composée d'un regroupement de glandes sébacées. Elle est pigmentée brun-orangé. Elle est parfois prise pour un cancer de la peau. Elle est environ deux fois plus grosse chez le mâle, car elle est influencée par les hormones mâles. Chez les jeunes, la glande est petite et peu pigmentée. À la puberté, elle commence à grossir et à produire une sécrétion huileuse à l'odeur légèrement musquée. Elle sert à marquer le territoire et les nouveau-nés. Deux individus qui se rencontrent reniflent leur glande pour se reconnaître et déterminer leur sexe.

Femelle **Mâle**

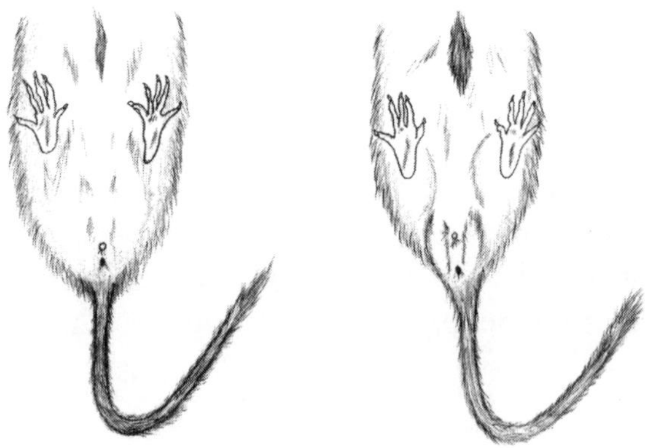

Glande ventrale

Remarques

- Si vous avez touché un furet, un chat ou un chien inconnu, votre gerbille détectera immédiatement l'odeur laissée sur vos mains ou vos vêtements. Vous aurez peut-être de la difficulté à la prendre :

elle sera plus nerveuse qu'à l'habitude et pourra même vous mordre la main en pensant qu'elle fait partie de l'animal qui l'effraie.

- La gerbille utilise aussi son odorat pour détecter les odeurs corporelles de ses congénères. Comme il lui serait difficile de reconnaître formellement l'une des siennes seulement en la regardant, son museau l'informe sur son voisinage. Le premier réflexe d'une gerbille qui en rencontre une autre est de la sentir. Les individus ne faisant pas partie du groupe sont pourchassés et battus. La mémoire olfactive de la gerbille est excellente et elle se souvient facilement de l'odeur de tous ceux qu'elle aime, les humains comme les animaux.
- Les gerbilles ne communiquent pas que par leurs odeurs. Elles tambourinent du pied pour communiquer un danger potentiel aux autres membres du groupe ou pour exprimer leur mécontentement. Faites attention si vous tentez de prendre une gerbille qui tape du pied. Vous courez le risque qu'elle vous morde.

Le goût

La gerbille a le goût développé et elle choisit les aliments qui lui plaisent. En fait, il semble que ce soit d'abord l'odeur des aliments qui la guide dans ses choix.

Le système cardio-respiratoire

Le métabolisme de la gerbille est très rapide. Son cœur bat à toute vitesse (de 260 à 600 battements par minute) et sa respiration doit suivre le rythme (de 85 à 160 inspirations par minute). Prenons l'exemple d'un rythme cardiaque de 420 battements par minute. Cela représente sept contractions du muscle cardiaque à chaque seconde. Pas étonnant que les organes de la gerbille s'usent rapidement ! Voilà donc l'explication de sa longévité réduite.

Le système urinaire

Les reins de la gerbille sont performants et spécialement adaptés à un environnement aride où l'eau se fait rare. Ils sont capables d'économiser l'eau du corps en produisant une urine très concentrée en très petite quantité. La gerbille ne produit que quelques gouttes d'urine par jour. L'hygiène de la cage s'en trouve facilitée et aucune mauvaise odeur ne s'en dégage.

La peau

La gerbille n'a pas de glandes sudoripares (qui sécrètent la sueur), mais des glandes sébacées (qui produisent une sécrétion à base d'huile – le sébum – qui lubrifie les poils et les rend soyeux). Incapable de suer ou de haleter pour se rafraîchir, elle est donc sensible aux coups de chaleur. Aussi, même si la gerbille possède des mécanismes de thermorégulation très efficaces, ne lui faites pas subir le stress inutile de la garder dans un environnement surchauffé.

La couleur de la peau : un indicateur de santé

La peau de la gerbille est normalement rose. On peut l'observer en tassant les poils ou en regardant directement les endroits moins garnis (les pieds, les oreilles ou les gencives). Voici la signification des différentes couleurs que peut prendre la peau.

Couleur de la peau	Raison	Quoi faire ?
Jaune	Jaunisse (ictère)	Consultez rapidement votre vétérinaire. La jaunisse est le symptôme d'un foie très malade.
Bleue	Hématome	Consultez votre vétérinaire, car l'hématome est le résultat d'un traumatisme ou d'un défaut de la coagulation du sang. Il peut être anodin ou accompagner une fracture ou une hémorragie interne.
	Poils rasés qui repoussent	La peau rasée d'une gerbille au pelage foncée devient bleutée lorsque les nouveaux poils émergent de leurs follicules. Il n'y a rien à faire, c'est normal.
	État de choc	La peau et les gencives bleues indiquent que la gerbille est en choc ou en détresse respiratoire (taux d'oxygénation sanguin trop bas). Consultez votre vétérinaire d'urgence.
Blanche	Anémie	Consultez votre vétérinaire afin qu'il détermine la raison et la gravité de l'anémie. La gerbille aura besoin de soins spécialisés.
Rouge	Irritation, infection ou allergies	Voyez votre vétérinaire afin qu'il pose le bon diagnostic et qu'il prescrive le traitement adéquat.
	Coup de chaleur	Administrez les premiers soins très rapidement (voir le chapitre IV) et rendez-vous d'urgence chez le vétérinaire.

Les données anatomiques et physiologiques de la gerbille

Longévité : 3 à 4 ans (maximum 5 ans)
Poids adulte : mâle : 65 à 100 g
femelle : 55 à 95 g
Poids à la naissance : 2,5 à 3 g
Longueur du corps : 10 cm environ
Longueur de la queue : 10 cm environ
Rythme respiratoire : 85 à 160 inspirations par minute
Rythme cardiaque : 260 à 600 battements par minute
Température corporelle : 37 °C à 38,5 °C
Production de selles : 1,5 à 2,5 g par jour
Production d'urine : quelques gouttes par jour
Consommation quotidienne de nourriture : 5 à 15 g
Consommation quotidienne d'eau : 4 à 10 ml

CHAPITRE III

La gerbille, un excellent animal de compagnie

La gerbille est un petit rongeur diurne et crépusculaire qui ne voit cependant pas d'inconvénient à être actif aussi pendant la nuit. C'est en prenant de fréquents petits sommes entre ses périodes d'activité qu'elle réussit à vivre à un rythme aussi soutenu. Elle affectionne son maître qu'elle reconnaît facilement à son odeur et vers qui elle va sans crainte. Cet animal de petit format, tranquille, discret et tout à fait adorable est peu cher à l'achat et ses coûts d'entretien sont minimes. Elle est parfaite, tant pour les enfants que pour les adultes.

La gerbille et la vie quotidienne

À l'école

Mademoiselle la gerbille ne va pas à l'école pour apprendre des choses, mais plutôt pour enseigner aux enfants le respect des animaux, la discipline et l'engagement. Un bon professeur profitera de la présence de l'animal pour responsabiliser les élèves, qui devront à tour de rôle s'occuper correctement de ce nouvel élève. Bien entendu, la gerbille appartiendra au professeur. Il ne serait pas très responsable de l'imposer aux parents d'un élève, à la fin de l'année, ou de la confier à un refuge d'animaux déjà débordé.

Ma gerbille fugueuse

C'est bien connu, la gerbille aime énormément explorer. Bien qu'elle ait peu tendance à s'échapper de sa cage, il arrive quand même parfois qu'elle fugue. Cette escapade peut rapidement tourner à la catastrophe si elle s'aventure trop loin ou si elle rencontre le matou de la maison. Il est impératif d'offrir à ce rongeur explorateur une cage sécuritaire et à l'épreuve des évasions.

Ma gerbille s'est enfuie !

Pas de panique, il est encore possible de la retrouver. Tout comme les rats, les gerbilles ont une forte tendance à revenir d'elles-mêmes dans leur cage une fois leur balade terminée. Laissez donc la porte de sa maison ouverte et placez-y plein de nourriture appétissante. Ne pourchassez jamais la gerbille quand vous l'apercevez. Elle ne serait que plus difficile à attraper. Attirez-la plutôt avec un tube de carton ou une petite boîte dans lequel vous aurez mis une gâterie. Les gerbilles sont toujours attirées par les tunnels et les cachettes. La gerbille fugueuse a beaucoup moins tendance à se cacher, si on la compare à la souris ou au hamster. Elle ne longe pas les murs systématiquement et vous pourrez la retrouver faisant la fête au beau milieu d'une pièce. C'est pourquoi le tube de carton ou la boîte que vous y aurez mis sera fort probablement visité. Si elle ne revient pas après un délai d'attente raisonnable, il vous faudra entreprendre des actions. Vous devrez la repérer et l'attraper. Pour y arriver, il faut procéder méthodiquement. Soyez prudent en déplaçant les meubles, car il est facile de blesser ou même de tuer un si petit animal. Comme elle peut être n'importe où, voici quelques conseils pour repérer la fugitive.

- Fermez les portes de toutes les pièces de la maison, afin que la gerbille ne puisse pas passer de l'une à l'autre. Bloquez toutes les ouvertures car une gerbille se faufile facilement dans de très petits trous.

- Dans chaque pièce, placez un bol d'eau et de la nourriture. Vous saurez où elle s'est réfugiée quand il manquera de la nourriture ou si vous voyez des selles près d'un bol de victuailles.
- Vous savez maintenant dans quelle pièce se trouve la fugueuse. Installez-y un récipient creux contenant sa nourriture préférée et muni d'une rampe d'accès placée à l'extérieur. Gourmande et probablement affamée, elle s'y jettera probablement la tête la première. Comme les parois du contenant sont lisses et hautes, elle ne pourra plus en ressortir. Vous n'aurez plus qu'à la cueillir.
- Si la gerbille ne se laisse pas berner par ce piège, utilisez cette méthode un peu plus compliquée. Identifiez la pièce habitée par la gerbille tel que décrit ci-dessus. Divisez l'espace en deux à l'aide d'une barrière étanche. Placez de l'eau et de la nourriture des deux côtés. Quand vous aurez déterminé de quel côté se trouve la gerbille, divisez de nouveau cet espace en deux en plaçant eau et nourriture aux deux endroits et procédez ainsi de suite en rapetissant graduellement l'espace. Vous finirez par l'attraper.

Ma gerbille a visité le garde-manger

Vos efforts pour attirer la gerbille en cavale restent vains ? Peut-être a-t-elle trouvé une source de nourriture plus intéressante ailleurs… Inspectez minutieusement les placards où vous rangez vos aliments. La gerbille trahit toujours sa présence par des sacs de biscuits déchirés, des boîtes de céréales rongées et de minuscules selles éparpillées sur les étagères. Pour capturer une gerbille vivant dans une telle abondance, il suffit de retirer toute la nourriture facilement accessible ou de placer les aliments dans des contenants hermétiques à l'épreuve de ses dents coupantes. Installez ensuite un récipient creux rempli de nourriture, tel que décrit ci-dessus. Elle risque fort de tomber dans le piège.

Le piège à ressort

Il est tout à fait cruel et inutile de placer un piège à ressort pour attraper une gerbille fugueuse. Avec un peu de patience et en utilisant les méthodes décrites précédemment, vous finirez toujours par la retrouver.

Le comportement de la gerbille

La gerbille agressive

L'agressivité pure est rare chez la gerbille. Normalement, elle est gentille et douce avec les humains quoique parfois un peu nerveuse. Sa nature profonde est assurément pacifique. Cela ne veut pas dire qu'elle ne peut pas mordre. Avant de conclure que votre animal a un problème de comportement, analysez bien la situation qui l'a conduite à être agressive.

- Une gerbille peut mordre si elle est manipulée rudement.
- Une mère gerbille peut essayer de mordre pour protéger ses petits et son nid. Le tout rentrera dans l'ordre quand les rejetons seront sevrés. En attendant ce moment, réduisez le plus possible le nombre de vos interventions dans la cage. Ne manipulez les petits que lorsqu'elle ne vous voit pas. Grâce à votre discrétion, elle se tiendra moins sur ses gardes.
- Une gerbille qui souffre (en cas de blessures graves comme une fracture, par exemple) peut mordre quand on la manipule. Consultez rapidement votre vétérinaire et utilisez une serviette en tissu éponge pour la prendre. Ce sera plus confortable pour elle et vos mains seront protégées.
- Ne vous acharnez pas à essayer d'attraper une gerbille non apprivoisée qui est effrayée ou paniquée. Si elle se sent coincée, elle pourrait vous mordre. Parlez-lui doucement pour la rassurer. Prenez le temps de l'apprivoiser. Votre délicatesse et votre patience seront récompensées.

- Vous venez de manger un morceau de fromage et vos doigts sont imprégnés de son odeur. Vous prenez votre gerbille et elle vous mord le doigt. Vous êtes surpris par sa réaction, pourtant l'explication est simple. Excitée par l'odeur, elle a cru que le bout de votre doigt était un morceau de fromage. Elle n'a vraiment pas voulu vous blesser. Signifiez-lui qu'elle vous a fait mal en émettant un petit cri aigu.

Votre gerbille vous a mordu

Les petites dents tranchantes de la gerbille infligent parfois des morsures profondes et douloureuses. Il est très peu probable que la blessure vous rende malade. Cependant, toute plaie faite par les dents d'un animal, quel qu'il soit, peut s'infecter. En cas de doute, consultez votre médecin.

L'infection qui s'installe dans une plaie provoque un ou plusieurs des symptômes suivants : douleur, chaleur, rougeur, enflure, élancement, écoulement séreux jaunâtre ou épais blanc ou verdâtre.

Le langage corporel de la gerbille

Il est possible de comprendre votre gerbille en observant ses comportements. Elle possède tout un langage corporel et peut même aussi vocaliser à l'occasion. Voici quelques exemples et leur explication.

- Elle fait longuement sa toilette… elle se sent en confiance et à l'aise.
- Elle se tient le dos rond, elle a la démarche raide et saccadée… elle souffre de douleurs abdominales.
- Elle pousse des cris stridents… elle est effrayée, fâchée, en détresse ou souffre beaucoup. Elle peut également vocaliser lorsqu'elle se bat avec une autre gerbille.
- Elle gratte frénétiquement dans le coin de sa cage. Elle n'a pas assez épais de copeaux de bois pour creuser à sa guise. Elle a besoin de se divertir. Elle s'ennuie.

Adopter une gerbille

Adopter un animal suppose de faire un choix judicieux afin qu'il convienne au style de vie et à la personnalité du maître et des autres membres de la famille. Il faut aussi être en mesure de lui offrir les soins requis. Il serait en effet bien malvenu de garder un grand danois dans un petit appartement situé au vingtième étage d'un immeuble du centre-ville.

Vous serez surpris de constater à quel point il est facile de garder des gerbilles. Pour ceux qui désirent un animal amusant, sensible, docile et facile à apprivoiser, la gerbille est un choix tout indiqué. Elle apprécie le contact humain, sans toutefois en être totalement dépendante. Lorsque vous passez près de sa cage, elle vient vers vous pour vous saluer. Elle s'entend bien avec les enfants et elle reconnaît facilement son maître, avec qui elle se sent en confiance. Parfaitement à l'aise avec les jeunes, elle apprécie tout autant de vivre avec des adultes. La gerbille a la faculté de s'adapter facilement à toutes les situations. Elle est tout aussi heureuse en ville qu'à la campagne. Vous pourrez même l'emmener faire du camping avec vous…

Choisir sa gerbille

On peut affirmer sans se tromper que la gerbille est un excellent animal de compagnie pour les enfants. Facile à manipuler et d'un tempérament calme, elle n'en demeure pas moins fragile. Une manipulation adéquate est impérative. Adopter un animal et en confier la responsabilité aux enfants est un moyen unique de leur enseigner le respect des êtres vivants, mais supervisez quand même les plus jeunes. Si petite que soit la gerbille, elle requiert bien sûr une attention et des soins quotidiens.

Mâle ou femelle, la gerbille est une excellente compagne. Choisissez idéalement un petit âgé de 6 à 10 semaines. Il sera plus facile à apprivoiser, car il est en pleine période de socialisation. De plus, comme la gerbille vit peu longtemps, vous profiterez au maximum de votre animal. C'est également à cet âge qu'il est le plus facile de faire les présentations entre gerbilles issues de portées différentes.

Critères pour acheter un animal en bonne santé physique et mentale

L'observation à distance

Une gerbille en santé est alerte et éveillée. Son nez et ses vibrisses bougent constamment, sauf lorsqu'elle est au repos. Comme la gerbille est surtout diurne, visitez l'animalerie en journée, la période où elle est active. Si un seul animal du groupe se comporte anormalement ou a l'air malade, vous feriez mieux de ne pas acheter votre gerbille à cet endroit. Assurez-vous que la cage est bien propre. Inspectez l'apparence des selles. Normalement, elles sont petites et bien formées. De la diarrhée indique toujours un problème très sérieux, voire mortel.

L'évaluation du caractère

La gerbille est un animal amical et enjoué. Elle est cependant très timide envers les étrangers et a tendance à être nerveuse en bas âge. Votre présence doit tout de même éveiller sa curiosité. Lorsque vous lui parlez, son attention doit se porter vers vous. Mettez votre main dans la cage. Il se peut qu'elle se sauve d'abord rapidement dans un coin, mais un individu sociable finit toujours par venir vous renifler les doigts. Sa curiosité l'emporte sur sa timidité. Quand vous la prenez, elle doit se calmer rapidement et ne pas tenter de s'enfuir ou de mordre. Elle commence plutôt à explorer votre main et votre bras. Acheter une gerbille terrorisée et paniquée qui refuse systématiquement tout contact physique avec vous n'est pas une très bonne idée. Elle n'a pas été socialisée adéquatement et elle sera plus difficile à apprivoiser. Vous mettrez plus de temps et d'énergie à la conquérir. Avec de la patience et de la douceur, une gerbille peureuse peut tout de même apprendre à vous faire confiance.

L'examen de la condition physique

Une gerbille en bonne santé a un pelage impeccable, lustré et bien fourni. Étant très propre, elle prend bien soin de sa fourrure. Une gerbille malade, très vieille ou gardée dans des conditions inadéquates consacre moins de temps à son hygiène corporelle et ses poils ont tendance à être gras et en broussaille. Des poils secs, cassants et hérissés sur le corps sont également le signe d'un problème. Aucune gale ne doit être présente. Ses grands yeux doivent être brillants et clairs. Aucune sécrétion ne doit souiller le poil qui les entoure. Une gerbille aux yeux mi-clos ne va pas bien. Son nez doit être rose et sec. Un écoulement nasal est toujours anormal. On ne doit pas entendre de bruits respiratoires. Placez la gerbille contre votre oreille, il vous sera plus facile de déceler de subtils sifflements ou claquements. La gerbille dont les flancs se creusent à chaque respiration est atteinte d'une pathologie pulmonaire. Les incisives doivent être bien droites et jaunes. Ne soyez pas surpris de voir les incisives inférieures trois fois plus longues que les supérieures, c'est normal. La région anale est nécessairement impeccable. La gerbille ne sent jamais mauvais. Si tel est le cas, il y a un problème.

La détermination des sexes

Pour apprendre comment déterminer le sexe d'une gerbille, consultez le chapitre VII, à la page 115.

Vous êtes maintenant en mesure de bien choisir votre gerbille. Mais pensez aussi à bien choisir son futur maître. Si vous achetez une gerbille pour votre enfant, assurez-vous qu'il est assez mature pour en prendre soin. Il doit comprendre que ce petit rongeur est un excellent compagnon de jeu, mais qu'il n'est pas un jouet.

Où se procurer une gerbille ?

Dans une animalerie

Rien de plus facile que de trouver de jeunes gerbilles dans une animalerie. Plusieurs couleurs sont offertes, à vous de choisir. Souvenez-vous cependant que si les mâles et les femelles de plus de six ou sept semaines sont gardés ensemble, il est possible que ces dernières soient gestantes.

Chez un éleveur

Les éleveurs de gerbilles ne sont pas nombreux, compte tenu du fait qu'il est facile de faire reproduire cet animal. Cependant, si vous désirez une gerbille un peu spéciale (sans poils ou d'une couleur rare), vous devez contacter un éleveur de gerbilles de fantaisie. Malheureusement, ces éleveurs spécialisés ne sont pas toujours faciles à trouver. Contactez un club d'amateurs de gerbilles pour connaître leurs coordonnées ou faites une recherche sur le réseau Internet.

Dans un refuge d'animaux

Il arrive parfois que des gerbilles soient abandonnées dans les refuges d'animaux. En choisissant d'en adopter une, vous faites une bonne action. Le seul inconvénient est qu'il est parfois difficile de connaître son âge avec certitude.

Chez un ami

Si la gerbille de votre ami a eu des rejetons, vous aurez probablement envie d'en adopter un ou mieux deux ou trois. Issues de la même famille, les petites gerbilles s'entendront très bien et auront beaucoup de plaisir ensemble. Choisissez des individus du même sexe. Il n'est pas du tout raisonnable de les faire se reproduire car la consanguinité affaiblit la génétique des animaux.

Le trajet vers la nouvelle maison

De l'animalerie à la maison, votre gerbille voyagera probablement dans une boîte en carton. Si le trajet est long, elle pourrait bien avoir le temps de ronger le carton et de tenter de s'évader. Ne laissez donc jamais la boîte sans surveillance. Pour plus de sécurité, pensez à apporter une petite cage grillagée ou un transporteur quand vous irez la chercher. Si vous ne disposez pas de ces accessoires, déposez un peu de nourriture dans la boîte cartonnée. Ce divertissement alimentaire l'occupera sans doute et elle pensera moins à ronger la boîte.

L'arrivée dans sa nouvelle maison

La première journée

La gerbille que vous rapportez à la maison est probablement stressée. Elle quitte une vie de groupe sécurisante et ne sait pas ce qui l'attend. Idéalement, elle sera accompagnée de une ou plusieurs de ses « amies ». Voici quelques conseils afin de bien l'accueillir.

- Installez-la dans une cage déjà aménagée et évitez de trop la manipuler. Laissez-lui le temps de s'habituer à son nouvel environnement, aux bruits et aux odeurs de la maison. Il est normal qu'elle ait tendance à se cacher.
- Parlez-lui souvent d'une voix douce.
- Ne laissez pas les autres animaux de la maison rôder autour de sa cage.

Dès que votre gerbille prend de l'assurance et se sent plus à l'aise, elle commence à explorer sa nouvelle cage. Quand tout est à son goût, elle commence à se toiletter. Éventuellement, elle réaménage la cage en creusant partout et en se construisant un nid douillet. Quand tout est bien organisé, elle peut se reposer.

Le lendemain et les jours suivants

Voilà votre gerbille un peu plus confiante. Elle peut se montrer timide à votre égard, mais elle s'attachera rapidement à vous. Si elle se sauve encore quand vous approchez de la cage, attirez-la à l'aide d'un morceau de nourriture appétissant. Elle acceptera éventuellement de se faire prendre. Au début, sortez-la quelques minutes seulement, puis de plus en plus longtemps.

Offrez à votre gerbille plusieurs sorties tous les jours. Vous n'avez pas à jouer avec elle constamment. L'exploration et l'exercice font partie de ses activités favorites. Laissez-la libre sur votre lit, dans une aire de jeu spécialement aménagée ou sur votre bureau de travail lorsque vous étudiez. Surveillez-la quand même toujours de près, car elle est experte dans l'art de se sauver.

Vous ne pouvez pas apprendre à votre gerbille à être propre à l'extérieur de sa cage. Elle laissera donc sur son passage plusieurs petites selles sèches faciles à ramasser. Remettez-la souvent dans sa cage pendant quelques minutes. Si elle a envie, elle en profitera peut-être pour se soulager. Inutile de vous vexer si vos efforts ne sont pas récompensés. C'est la nature !

La plupart des gerbilles aiment ronger et peuvent faire des dégâts. Évitez tout simplement de la mettre dans des endroits où elle pourrait détruire certains objets. Inutile de la gronder, elle ne comprendrait pas. Il existe des boules de plastique dans lesquelles on installe les petits rongeurs pour qu'ils puissent se balader en toute sécurité dans la maison, sans risque de se blesser ou de s'évader. Elles ne sont cependant faites que pour les sorties de courte durée (environ 15 à 20 minutes), car le taux d'oxygène descend rapidement à l'intérieur malgré les trous de ventilation.

Les zoonoses, ces maladies transmises aux humains par les animaux

Il est très peu probable que votre gerbille vous rende malade en vous transmettant des maladies. Les gerbilles de compagnie sont élevées dans des conditions sanitaires adéquates et à l'abri des infections graves. Si toutefois vous aviez des doutes à propos de votre condition de santé, n'hésitez pas à consulter votre médecin et à faire examiner votre gerbille par votre vétérinaire. À ce stade, il est important de déterminer si vos malaises sont réellement causés par votre animal. Parmi les zoonoses possibles, il y a la bactérie causant la maladie de

Tyzzer, la salmonelle, la bactérie E. coli et certains parasites intestinaux (*Hymenolepis nana*). Vous devez donc prendre les précautions qui s'imposent si votre gerbille est atteinte de diarrhée ou de paralysie soudaine (voir chapitre VIII, p. 143).

Les allergies

Votre peau devient toute rouge après que vous avez manipulé votre gerbille ? Votre nez picote et vous éternuez énormément ? Il se peut que vous soyez allergique. La seule et unique façon de le savoir avec exactitude est de passer un test dermique chez un allergologue. Une personne allergique au chat ne l'est pas nécessairement à la gerbille. Et si vous êtes allergique à la souris et au furet, vous ne l'êtes peut-être pas au chien. Certains auteurs estiment que de 10 à 30 % des gens qui possèdent ou qui travaillent avec les animaux sont incommodés par des allergies. En cas de doute, n'hésitez pas à passer le test dermique.

Symptômes d'allergie

Les différents symptômes d'allergie sont les suivants : des démangeaisons cutanées, des rougeurs de la peau, des picotements et écoulements nasaux et oculaires, des éternuements et l'asthme.

Si, malgré vos allergies, vous décidez quand même d'adopter une gerbille, suivez ces quelques conseils. Ils vous faciliteront la vie.

- Laissez une autre personne s'occuper de l'hygiène de la cage.
- Portez des vêtements couvrant vos bras et votre cou lorsque vous prenez votre gerbille. Vous éviterez les irritations cutanées provoquées par les petites griffes. Tenez-la éloignée de votre visage. Lavez-vous soigneusement les mains après l'avoir manipulée.
- Installez la cage de votre gerbille ailleurs que dans votre chambre.

Il est cependant possible que, malgré vos précautions, vos symptômes empirent avec le temps. Une maladie pulmonaire grave appelée alvéolite allergique accable certaines personnes allergiques et les oblige à renoncer à tout contact avec la source d'allergènes.

La gerbille et ses fréquentations

Le chien

Pour un chien, une gerbille représente une proie intéressante. Il aurait tôt fait de la blesser ou de la tuer s'il avait la chance de l'attraper. Il vaut mieux ne pas les mettre en présence. Mais il y a toujours une exception à la règle. Il est possible qu'un chien soit doux avec la gerbille de la maison. C'est une question de personnalité et d'éducation. En ce qui concerne la gerbille, elle peut être tout à fait indifférente face au chien qui la renifle, ou le mordre férocement si elle a peur. Il est donc plus prudent de ne pas les associer.

Le chat

C'est bien connu, le chat est l'ennemi incontestable des petits rongeurs. Combien d'histoires relatent les talents extraordinaires du félin pour chasser la vermine des maisons. L'instinct du chat le poussera inexorablement à surveiller la cage de votre gerbille. Il attendra patiemment l'occasion de croquer enfin cette proie convoitée. Il pourrait également blesser la gerbille à travers le grillage avec ses griffes pointues et acérées. Soyez vigilant! Vous serez certainement surpris d'apprendre qu'il existe des chats de maison à l'instinct chasseur dénaturé qui ne feraient aucun mal à une gerbille. Quand on place un tel chat près du petit rongeur, il l'ignore tout simplement ou le traite en ami. Cette complicité n'est pas naturelle, vous l'aurez deviné. Qui sait si son instinct ne refera pas surface un jour? Aussi, ne prenez aucun risque. Et puis, il est aussi possible qu'une gerbille belliqueuse inflige de douloureuses morsures à votre chat.

Le reptile

Évitez de mettre une gerbille et un reptile ensemble. Le serpent, tout comme certaines espèces de lézards carnivores, s'en délecterait volontiers. Les tortues n'ont pour leur part aucun point en commun avec ce rongeur.

Le cochon d'Inde

Aucune complicité n'existe entre cet animal et la gerbille.

Le lapin

La gerbille n'intéresse pas le lapin et c'est tout à fait réciproque.

Le furet

Aucune amitié n'est possible entre ces deux individus. L'instinct de chasseur du furet est fort et il aurait tôt fait de croquer la gerbille. Ne pensez même pas à les présenter l'un à l'autre.

Le rat

Ne permettez aucun contact étroit entre ces deux animaux. De violentes batailles pourraient en résulter. Les deux combattants s'infligeraient de douloureuses blessures qui pourraient entraîner la mort.

Les autres petits rongeurs

Souris, hamster, dégu (dègue du Chili) et chinchilla ne sont vraiment pas attirés par la gerbille, et vice versa. Les rencontres pourraient se solder par des morsures douloureuses ou un décès.

Les oiseaux

Il est peut-être agréable pour la gerbille d'évoluer au son du chant d'un canari ou d'un pinson. Dans le cas d'un perroquet, la situation est différente. Les décibels qu'il génère la dérangent énormément. La rencontre de ces animaux serait aussi catastrophique. Ils pourraient s'infliger des morsures douloureuses. Pensez plutôt à installer la cage de votre gerbille dans un endroit calme.

La gerbille

En fait, la meilleure amie de la gerbille est une autre gerbille. Elles s'estiment beaucoup. En tant qu'animal sociable, elle évolue mieux lorsqu'elle vit en couple ou en groupe. Gardée seule, elle s'ennuie souvent et manque parfois d'assurance. Elle dort plus et a davantage tendance à se cacher. Elle développe plus facilement des comportements compulsifs. En adopter deux ou plus aide à l'apprivoisement, car elles souffrent moins d'insécurité. Une gerbille unique peut tout de même s'accommoder de sa solitude, mais elle aura besoin de beaucoup plus d'attention de votre part.

Il est tout naturel pour une gerbille de vivre en colonie. Il est donc fortement recommandé d'en garder au moins deux. Elles se tiennent compagnie, elles se toilettent l'une l'autre aux endroits difficiles d'accès (derrière les oreilles, sur le museau, etc.). Elles dorment ensemble et se gardent au chaud. Elles se manifestent beaucoup d'affection et de considération. La présence d'un ou de plusieurs membres de son espèce est excellente pour leur équilibre mental. Elles s'amusent et se désennuient ensemble. Même si vous avez beaucoup de temps à consacrer à votre animal, votre présence ne pourra jamais remplacer complètement celle d'un représentant de sa propre espèce. Il est faux de prétendre qu'une gerbille vivant avec d'autres gerbilles est moins affectueuse envers son maître.

La hiérarchie chez les gerbilles

Dans une communauté de gerbilles, il s'élabore une vie sociale organisée. Une hiérarchie s'établit toujours et cette hiérarchie n'est pas définitive. Il y a une gerbille dominante; c'est généralement une femelle. Dans un groupe mixte (mâles et femelles ensemble), il n'y a généralement que le couple dominant qui a le privilège de s'accoupler. On voit cependant parfois des exceptions.

Choisir les bonnes candidates

Le degré de difficulté, lors de la présentation des gerbilles inconnues, varie en fonction du sexe, de l'âge et du tempérament de chaque individu. Parce que les femelles ont plus de tempérament et qu'elles sont par conséquent dominantes de nature, il est plus facile de les garder en couples qu'en groupes. En revanche, les mâles vivent bien avec un ou plusieurs mâles.

Les rencontres faciles

- Femelles d'une même portée n'ayant jamais été séparées.
- Mâles d'une même portée n'ayant jamais été séparés.
- Mâles inconnus âgés de 8 semaines ou moins.
- Femelles inconnues âgées de 8 semaines ou moins.
- Mâle et femelle inconnus, de 8 semaines ou moins.
- Mâle et femelle inconnus, si la femelle est en chaleur.
- Mâles inconnus adultes.
- Mâle adulte et jeune mâle ou jeune femelle de moins de 8 semaines.

Les rencontres difficiles

- Femelles inconnues adultes.
- Femelle adulte et jeunes gerbilles inconnues de moins de 8 semaines.
- Femelle et mâle inconnus, si la femelle n'est pas en chaleur.

L'heure des présentations

Les conflits générés par la rencontre de deux gerbilles inconnues sont principalement dus à leur fort instinct territorial et à la hiérarchie à établir entre elles. Suivez les étapes suivantes afin que les présentations se fassent le plus harmonieusement possible. Assurez-vous que les gerbilles passent bien le test de chacune des étapes, c'est-à-dire qu'elles ne se chamaillent pas, avant de passer à l'étape suivante. Soyez patient et respectez le rythme de chacune.

Commencez par installer les deux cages l'une à côté de l'autre pendant environ une semaine. Elles pourront commencer à faire connaissance à distance. Ne collez pas les cages, car il est possible qu'elles puissent se mordre à travers le grillage. Familiarisez-les avec leur odeur respective en échangeant des accessoires d'une cage à l'autre. Par la suite, interchangez les gerbilles de cage à quelques reprises. Après tout cela, il est temps de présenter les deux gerbilles dans un territoire neutre comme dans la baignoire ou sur un lit. Dans un tel environnement, elles risquent beaucoup moins de se batailler, puisqu'elles n'ont pas de territoire à défendre. Quand tout se passe bien, vous voilà enfin prêt à les faire cohabiter dans la même cage. Pour ce faire, nettoyez à fond la cage choisie et déplacez tous les accessoires afin qu'aucune d'elles ne reconnaisse l'endroit. Assurez-vous que la cage est très grande et qu'elle est munie de plusieurs cachettes et jouets. L'introduction dans leur nouvelle maison devrait bien se passer.

Consacrez au moins 10 à 15 minutes par jour aux gerbilles. Les étapes décrites sont traversées plus ou moins rapidement selon la personnalité de chacune. Il se peut que les deux nouvelles amies tombent en amour dès la première rencontre. Le toilettage mutuel montre que les gerbilles se sont bien acceptées. Il est aussi possible que vous passiez plusieurs jours en vain à les faire s'entendre. N'insistez pas trop longtemps, il y a des caractères qui ne seront jamais compatibles.

Conseils

- Ne mettez jamais une nouvelle gerbille directement dans la cage d'un groupe déjà bien organisé. Elle pourrait se faire blesser gravement.
- Vous pouvez enduire les deux gerbilles à présenter avec quelques gouttes d'essence de vanille ou un peu de poudre de talc. Leur odeur est ainsi uniformisée.
- Lors des premières présentations de deux gerbilles, il est tout à fait normal qu'elles poussent quelques cris aigus et qu'elles boxent un

peu ensemble. C'est en essayant de s'impressionner que la hiérarchie s'établit. Nul besoin de les séparer si les altercations sont de courte durée et que les deux individus ne semblent pas traumatisés par la situation. Séparez-les rapidement si des morsures sont infligées.

- Quand les gerbilles d'un groupe commencent à se battre, la première chose à faire est de les loger dans une plus grande cage. Mettez aussi à leur disposition plusieurs cachettes et roues d'exercice. Il est tout à fait normal que les jeunes d'un groupe s'amusent à se pourchasser et qu'ils se bataillent sans malice. Ils se pratiquent à défendre leur territoire.

La stabilité d'un groupe

Quand une colonie de gerbilles est bien installée, il n'est pas conseillé d'en introduire d'autres. Cela bouscule l'ordre établi et de nouvelles batailles sont à prévoir. Ne séparez pas non plus un individu du groupe plus de quelques heures. Sa réintroduction pourrait être difficile. Une nouvelle hiérarchie a probablement déjà vu le jour et la gerbille qui revient n'en fait plus partie.

L'agressivité, un caractère héréditaire

Certaines lignées de gerbilles sont plus agressives que d'autres. Les individus issus de tels parents vivent souvent plus difficilement en harmonie dans une colonie. Il n'est donc pas conseillé de reproduire les gerbilles ayant cette caractéristique indésirable.

Les signes d'agressivité démasqués

Sachez déceler les signes d'agressivité. De cette façon vous serez en mesure de prévoir les potentiels de batailles. Les signes annonçant que de la tension est présente au sein du groupe sont les suivants :

- une gerbille dominante, généralement une femelle, empêche une subordonnée de se nourrir ; cette dernière sera donc plus maigre ;

- certaines gerbilles commencent à faire chambre à part ; elles ne dorment plus avec le groupe ;
- les gerbilles se pourchassent souvent et se tapent avec leurs pattes.

Juste avant d'attaquer, la gerbille se lève debout sur ses pattes arrière et frappe son adversaire de ses pattes avant. Si l'autre gerbille ne déguerpit pas, des morsures sont à prévoir. Elles crient, se pourchassent et se sautent à la figure. Le subordonné se fait souvent mordre dans la région de la queue parce qu'il essaie de fuir.

Pour les petites prises de bec, observez-les bien et ne les séparez que si la situation dégénère. Il est normal que la gerbille dominante montre à l'occasion sa prépondérance. Quelques cris stridents sont alors poussés, mais le tout est passager. La gerbille subordonnée quitte généralement le combat d'elle-même et bat en retraite. N'isolez la gerbille dominante que si elle pourchasse inlassablement la ou les subordonnées et qu'elle leur cause un stress constant ou les blesse. La séparation est également nécessaire si elle interdit systématiquement à ses congénères l'accès aux bols de nourriture et que vous remarquez qu'ils perdent du poids.

Le sommeil des gerbilles

Les gerbilles adorent dormir empilées les unes sur les autres. Elles se placent en boule, sur le ventre ou sur le dos. Elles font la sieste toutes collées, le contact physique étant primordial pour elles. S'il fait froid, elles se blottissent contre leurs congénères. S'il fait chaud, elles s'étirent de tout leur long. Elles changent de position régulièrement, celles du dessous revenant éventuellement sur le dessus. Le sommeil normal d'une gerbille est entrecoupé de moments de veille. Elle dort de 5 à 10 minutes puis se réveille. Elle en profite pour changer de position et se rendort. D'ailleurs, n'oubliez pas que la sieste est bien plus intéressante dans une petite cachette, à l'abri de la lumière vive et des regards indiscrets, ou dans un nid qu'elles auront fabriqué avec les matériaux que vous leur aurez offerts. Les gerbilles d'un même groupe ne suivent pas nécessairement toutes le même cycle. Elles ne dorment pas toutes au même moment. Des périodes d'activité alternent avec de courtes périodes de repos.

CHAPITRE IV

Environnement et conditions de captivité

L'environnement

Des sorties sécuritaires

Assurez-vous que l'espace réservé aux balades hors de la cage est sécuritaire. La gerbille est petite et il est facile de marcher dessus par distraction. Ne la laissez jamais se promener seule dans la maison, cela pourrait lui coûter la vie. Il est préférable de lui permettre de se dégourdir les pattes sur une table, sur un lit ou sur un bureau. Vous pourrez ainsi la surveiller aisément et elle ne risquera pas de se trouver dans une situation périlleuse ou de s'échapper.

Si vous désirez malgré tout agrandir son territoire, observez les conseils de sécurité suivants.

- Évitez les endroits où courent des fils électriques. Elle pourrait bien avoir envie de les ronger. Vous pouvez les surélever, les faire passer sous le tapis ou bien les cacher en les insérant dans un tuyau en plastique comme ceux qui sont utilisés en plomberie: faites une incision le long du tuyau et placez les fils à l'intérieur. Calfeutrez les extrémités, car votre gerbille aura tôt fait d'explorer cet intéressant tunnel.

- Placez les plantes d'intérieur hors de portée. Plusieurs d'entre elles sont toxiques. Le tableau suivant en énumère quelques-unes. Même si le nom de votre plante n'y figure pas, ne prenez pas de risque, évitez que votre gerbille ne la grignote.

Plantes d'intérieur toxiques

Nom scientifique	Nom commun
Amaryllis spp	Amaryllis
Caladium spp	Caladium
Cyclamen spp	Cyclamen
Dieffenbachia spp	Dieffenbachia
Euphorbia pulcherrima	Poinsettia
Hydrangea spp	Hortensia
Nerium oleander	Laurier rose
Philodendron spp	Philodendron
Rhododendron spp	Rhododendron
Solanum pseudocapsicum	Cerisier de Jérusalem

- Le mécanisme du canapé-lit peut devenir un piège mortel pour votre gerbille si tout se referme sur elle.
- Une chaise à bascule peut infliger des blessures sérieuses au petit animal qui se glisse en dessous.
- Ne permettez pas à votre gerbille d'entrer à l'intérieur du divan. Elle pourrait se blesser sur les ressorts ou rester coincée.
- Installez de petites planches de bois bloquant l'accès à l'arrière des meubles, de la cuisinière ou du réfrigérateur.
- Gardez hors de sa portée tout produit chimique ou médicament. Pensez aussi à rincer soigneusement les planchers pour éliminer toute trace de produit nettoyant.
- Un sac de plastique est un piège mortel pour la gerbille qui y reste coincée. Le décès survient par suffocation.

Gerbille noir pie

Gerbille agouti pie

Gerbille beige et gerbille agouti

Gerbille agouti

Gerbille noir pie

L'emplacement de la cage

De fréquents contacts avec les humains facilitent l'apprivoisement. La cage devrait donc être installée dans une salle de séjour ou dans un endroit bien fréquenté. Évitez de la placer à proximité des portes en raison des courants d'air et des changements brusques de température. Vous pouvez selon le cas, la déposer directement par terre ou encore sur un petit meuble. Il est bon d'observer le comportement de votre animal car certaines gerbilles se sentent moins en sécurité quand la cage est posée sur le sol. Elles sont alors plus nerveuses.

Une température agréable

La gerbille n'est pas à l'aise lorsque la température est instable ou quand elle est trop chaude ou trop froide. Elle apprécie une ambiance tempérée comprise entre 15 et 28 °C (59 à 82 °F) – 18 à 22 °C (64 à 71 °F) étant idéal. Un taux d'humidité entre 45 et 55 % est convenable. Dites-vous que si la température est agréable pour vous, elle l'est aussi pour votre gerbille. Une gerbille qui a trop chaud est inconfortable, elle pousse les copeaux de bois pour se coucher directement sur le fond plus frais de sa cage. Elle s'y installe de tout son long et sa respiration est rapide.

Quand l'atmosphère devient étouffante

Les périodes de canicule sont incommodantes pour la gerbille. Si votre maison n'est pas climatisée, installez la cage dans la pièce la plus fraîche de la maison (le sous-sol). Par temps très chaud, une bouteille d'eau froide déposée dans la cage procurera à votre gerbille une source de fraîcheur. Placez de petits cubes de glace dans son bol d'eau, elle restera fraîche plus longtemps.

Voici quelques conseils pour rendre la vie plus facile à votre animal lorsqu'il fait très chaud.

- Permettez-lui de se balader dans la salle de bain. Le contact de ses pattes avec les carreaux en céramique lui plaira.

- Installez quelques carreaux en céramique au fond de sa cage. Elle se rafraîchira en se couchant dessus, mais si vous remarquez qu'elle les ronge, enlevez-les.

Les coups de chaleur

L'absence de glandes sudoripares et l'incapacité de haleter comme un chien pour se rafraîchir font que la gerbille est sujette aux coups de chaleur. À une température très élevée, il y a risque de décès. Il ne faut surtout pas oublier de tenir compte du taux d'humidité qui rend les températures chaudes encore plus inconfortables. Les symptômes d'un coup de chaleur sont les suivants :

- une respiration rapide et superficielle ;
- une respiration laborieuse, la bouche ouverte ;
- des tremblements ;
- une fréquence cardiaque très rapide ;
- un animal couché sur le côté ;
- une léthargie ;
- la désorientation ;
- de la difficulté à se mouvoir ;
- les gencives et la langue rouge vin ;
- la salive épaisse ;
- les vaisseaux sanguins de la queue et des oreilles dilatés et rouge vin ;
- des convulsions ;
- une perte de conscience, le coma et la mort.

Une question de vie ou de mort

Si votre gerbille souffre d'un coup de chaleur, vous devez réagir rapidement et efficacement. Emmenez-la dans un endroit frais. Faites couler de l'eau fraîche mais pas froide sur ses pattes et enveloppez-la dans une serviette humide. Mouillez également ses oreilles. Ne la trempez pas directement dans de l'eau froide, car son organisme aurait de la difficulté à supporter le choc. Allez d'urgence chez votre vétérinaire. Si l'animal est conscient, offrez-lui de l'eau à boire pendant le trajet. Les boissons pour réhydrater les sportifs (Gatorade) ou pour les enfants qui ont la diarrhée (pédialyte ou gastrolyte, vendus en pharmacie), remplacent avantageusement l'eau. Malgré une intervention prompte et intensive, les risques de décès sont grands. Si la gerbille survit à l'épisode d'hyperthermie, elle risque de décéder au cours des heures suivantes en raison des dommages causés aux cellules du cerveau et des reins. En ce qui concerne les coups de chaleur, la prévention est votre meilleur atout.

Un terrain de jeu sécuritaire

Il est parfois difficile de superviser une gerbille à qui l'on permet de sortir de sa cage. Ses courses sont parfois d'une rapidité surprenante. L'option du terrain de jeu devient alors intéressante. À cet effet, on peut utiliser la baignoire, en prenant soin de bien couvrir le renvoi, ou une piscine en plastique pour enfants. Installez une serviette éponge au fond et disposez différents jouets : cachettes, tunnels et boîtes. Une section de tuyau de sécheuse transparent devient un long tunnel rapidement visité. La grande surface permet à la gerbille de se dégourdir les pattes à loisir. Surveillez-la quand même durant toute la durée de sa sortie.

Remarque

- Vous pouvez aménager une grande maison de poupées à plusieurs étages afin d'amuser votre gerbille. Des échelles relient les différents paliers. Vous passerez des heures à la regarder se promener d'une pièce à l'autre et découvrir les gâteries que vous y avez cachées.

Ma gerbille enfin libre !

« Je ne peux plus garder ma gerbille. Je vais la laisser partir dans la nature. Elle y sera certainement plus heureuse. » Une telle affirmation est fausse. Abandonner sa gerbille dans la nature, c'est en quelque sorte signer son arrêt de mort. La gerbille domestique a perdu son instinct de survie dans la nature. Elle ne sait pas comment trouver sa nourriture et elle ne sait pas reconnaître les dangers. Elle aurait vite fait de mourir de faim ou sous les dents d'un chat. Si une femelle gestante ou un couple composé d'un mâle et d'une femelle réussissait à survivre dans un climat assez clément, la nombreuse descendance pourrait éventuellement causer des problèmes. C'est pour cette raison que la garde de gerbilles est interdite en Californie.

Les conditions de captivité

Rien de plus facile que d'héberger des gerbilles. Il suffit de connaître leur mode de vie et de composer leur environnement en fonction de leurs préférences. En tant qu'animal du désert, la gerbille produit peu d'urine et ses selles sont sèches. Cela en fait un animal presque sans odeur qui souille très peu sa cage. En revanche, elle adore creuser et si les rebords de sa cage ne sont pas étanches, préparez-vous à ramasser une montagne de copeaux de bois projetés à l'extérieur. Un aquarium de verre est souvent la solution idéale pour héberger ces petits rongeurs hyperactifs. L'environnement de la gerbille doit être spacieux et garni d'une multitude de jouets, de cachettes et de tunnels. N'hésitez pas à étendre une épaisse couche de substrat. Les gerbilles qui ont la possibilité de creuser sont plus heureuses et développent moins de comportements compulsifs associés à l'ennui. Si plusieurs gerbilles vivent ensemble, une cage à paliers multiples et reliée à d'autres par des tuyaux est la solution idéale. Cette installation satisfait le goût d'explorer et offre assez d'espace pour que les gerbilles territoriales ne se sentent pas coincées. Gare aux cages en plastique. Les gerbilles grugent beaucoup et finissent très souvent par les trouer et s'enfuir. La gerbille apprécie donc une grande cage bien organisée. Un environnement attrayant est excellent pour son développement moteur et mental. N'hésitez pas à agrémenter sa cage de petites douceurs. Elle vous montrera sa gratitude en étant active et enjouée.

La cage

On aurait tendance à croire, compte tenu de la taille de la gerbille, qu'elle peut vivre dans une petite cage. Détrompez-vous. Cette créature est très active et a besoin de beaucoup d'espace pour rester en forme. Dans la nature, elle creuse, court et grimpe partout. Curieuse et exploratrice, elle adorera une cage remplie de cachettes et de tunnels. Il est fascinant de la voir évoluer dans un tel milieu. Elle grimpe, fouine et s'amuse. Les dimensions minimums recommandées pour la cage sont 45 cm de longueur sur 30 cm de largeur et 30 cm de hauteur (1 ½ pi x 1 pi x 1 pi). Mais n'hésitez pas à en choisir une plus grande. Une bonne cage doit aussi être à l'épreuve des escapades. Il existe plusieurs options.

L'aquarium de verre

L'aquarium de verre est le choix idéal, à condition qu'il soit grand, car les échanges d'air y sont meilleurs. Un couvercle grillagé et solidement fixé est nécessaire. La gerbille adore creuser et gratter. En agitant rapidement ses pattes avant, elle accumule un tas de copeaux de bois sous elle puis projette le tout vivement avec ses pattes arrière. Les parois vitrées de l'aquarium préviennent l'éparpillement indésirable des copeaux. Évitez de placer l'aquarium en plein soleil. La température y grimpe rapidement et l'air ambiant devient trop chaud et potentiellement dangereux pour les occupantes.

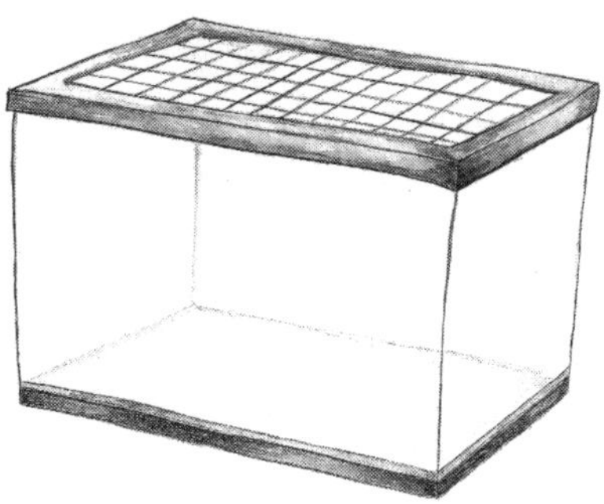

Aquarium avec couvercle grillagé

Le *gerbillarium*

Certaines personnes nomment ainsi un aquarium où vivent des gerbilles et qui est rempli d'une épaisse couche de terre ou de sable. Les petits rongeurs peuvent creuser tout à loisir dans ce substrat. Ils élaborent un système de tunnels souterrains compliqué qu'ils s'amusent à remodeler constamment. Bien que ce concept semble des plus naturels pour les gerbilles, il comporte un défaut majeur ; la terre, le sable ou la mousse qu'on utilise pour couvrir le fond se souille rapidement avec les selles, l'urine, l'eau et la nourriture. Cela devient un substrat permettant la prolifération de bactéries et de moisissures. Les gerbilles vivent donc dans un environnement contaminé malgré tous les efforts déployés pour l'entretenir adéquatement. Il est nettement mieux d'utiliser les copeaux de bois et de les changer fréquemment. Les gerbilles ne pourront certes pas y construire d'aussi beaux tunnels mais, au moins, elles seront au propre. Un récipient rempli de terre peut s'avérer une solution de rechange intéressante. Il offre la possibilité aux gerbilles de gratter dans ce médium amusant. De cette façon, elles risquent moins de se contaminer car vous pouvez en changer le contenu plus souvent. Cet accessoire ne peut cependant pas se substituer au bain de sable nécessaire à l'hygiène quotidienne du pelage.

Remarque

- Enfouissez quelques pots de verre ou des boîtes de conserve vides sous les copeaux de bois recouvrant le fond de l'aquarium. En creusant, les gerbilles les découvrent et les habitent. Voilà une façon originale de créer de petits tunnels qui ne s'affaisseront pas.

La cage de laboratoire en plastique

Cette cage n'est pas conçue pour la gerbille de compagnie. Elle est trop petite et trop austère.

La cage en plastique composée de plusieurs unités reliées par des tunnels

Bien que les tunnels imitent le milieu naturel de la gerbille, ces cages aux couleurs attrayantes ne sont pas à conseiller, car il ne fait vraiment pas bon y vivre. Seuls de petits trous dans les parois permettent un échange d'air, ce qui est insuffisant pour assurer une ventilation adéquate. La gerbille étant très active dans sa cage, il est déconseillé de la faire vivre dans un environnement où les échanges d'oxygène sont limités. Si vous désirez quand même utiliser ce type de cage, ouvrez fréquemment le panneau qui sert de porte pour faire entrer de l'air frais.

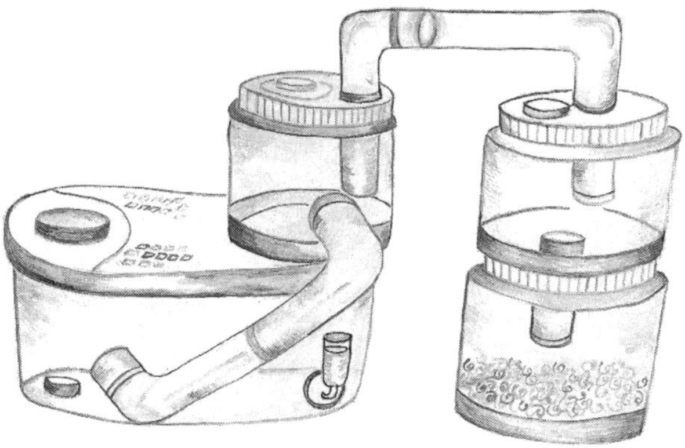

Cage en plastique

La cage avec base en plastique et dessus grillagé

Il est question ici de la cage conventionnelle vendue dans les animaleries. Elle existe dans plusieurs grandeurs et il y en a même à deux étages. C'est un bon choix. Elle est facile à nettoyer.

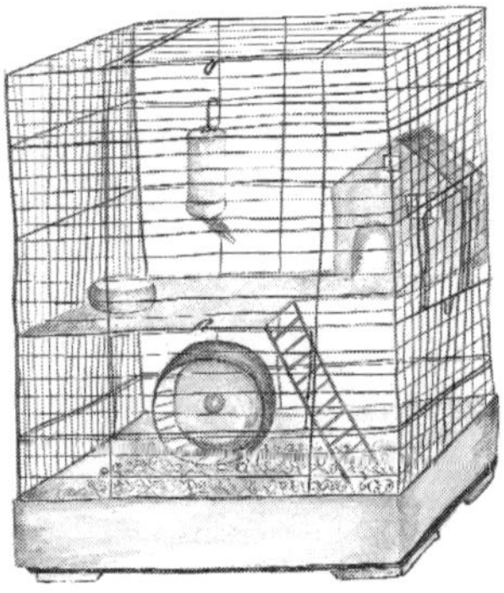

Cage avec base en plastique

La cage achetée dans une brocante ou une vente-débarras

Il est quelque peu risqué d'acheter une telle cage. Vous ne savez pas si le dernier occupant des lieux était malade et contagieux pour d'autres gerbilles. Comme certains virus, bactéries ou parasites sont parfois très persistants dans l'environnement, votre nouvelle acquisition pourrait rendre votre gerbille malade. De plus, une cage usagée risque d'avoir été repeinte avec des peintures contenant des résidus de métaux lourds. Votre gerbille s'intoxiquerait en la rongeant. On peut toutefois repeindre une cage usagée en utilisant une peinture non toxique comme celle utilisée pour les lits d'enfants. Informez-vous auprès de votre quincaillier.

La cage artisanale

Si vous avez l'âme d'un bricoleur, vous pouvez construire vous-même la maison de votre gerbille. Une simple charpente de bois entourée d'un grillage vous semble peut-être tout à fait adéquate. Détrompez-vous ! Votre gerbille aura tôt fait de grignoter le tout avec ses petites dents et comme le bois est poreux, il emprisonne facilement les odeurs. Certains grillages en alliage de métal (zinc, plomb et cuivre) sont toxiques lorsque l'animal les mâchouille. Si vous voulez bricoler la cage de votre gerbille, assurez-vous d'utiliser des matériaux sécuritaires. Demandez conseil à votre quincaillier. Il saura vous indiquer quel type de grillage ne contient aucun des métaux cités plus haut.

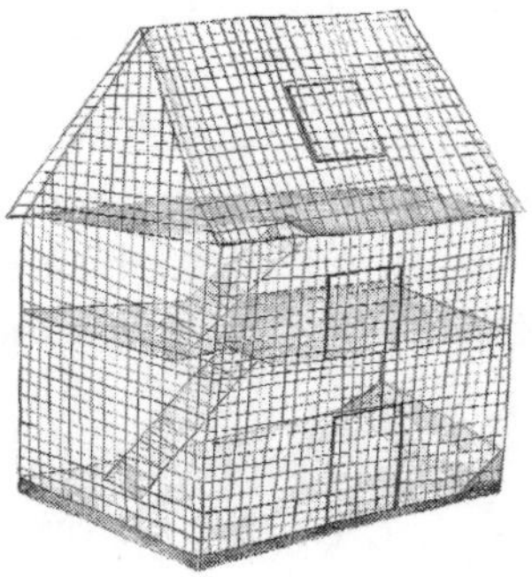

Cage artisanale

La cage à oiseau

On peut transformer une cage d'oiseaux en maison pour gerbilles. Cette cage faite en hauteur permet d'installer des paliers, des échelles, des tunnels et des cordages, accessoires généralement très appréciés. Le tiroir qui se trouve au fond de la plupart de ces cages représente cependant un défaut majeur. La gerbille peut facilement l'ouvrir et s'échapper. Idéalement, choisissez un modèle sans tiroir, sinon fixez-le solidement pour empêcher son ouverture.

Cage à oiseau

Le fond de cage

Vous trouverez dans le commerce une multitude de produits destinés à être étendus au fond de la cage de votre gerbille.

Les copeaux de bois, une solution intéressante

C'est le choix par excellence, à condition d'éviter les copeaux de cèdre. Cette essence contient de l'acide plicatique qui irrite le système respiratoire et la peau. Cette substance est aussi associée à l'apparition de pathologies du foie. Les copeaux de bois blanc inodore constituent la meilleure option. Il faut en étendre une bonne épaisseur pour permettre aux gerbilles de creuser. Utilisez un produit dépoussiéré.

D'autres produits mais imparfaits

- La paille ou le foin: ces matériaux sont très confortables mais il faut les changer souvent, car ils sont peu absorbants et sentent rapidement mauvais. Ils devraient surtout être utilisés pour la confection du nid.
- Le papier journal: tous les papiers sont adéquats pour tapisser le fond d'une cage, mais déposé tel quel, le papier journal est peu absorbant et salissant pour la gerbille. Déchiqueté en petites lanières, son pouvoir absorbant est meilleur, mais il ne contrôle pas du tout les odeurs.
- La litière pour chat: n'utilisez jamais ce produit au fond de la cage de votre gerbille. Il est inconfortable d'y marcher et il se révèle toxique si la gerbille en ingère.
- Le maïs concassé ou rafles de maïs (corn-cob): ce substrat n'est pas idéal. Il ressemble à de la nourriture et votre animal pourrait en ingérer. Une fois dans l'estomac, les petites boulettes gonflent et bloquent facilement l'intestin. Par ailleurs, marcher sur ces boulettes dures est inconfortable. On peut déposer un grillage par-dessus, mais en réglant un problème, on en crée un autre: la gerbille se blesse facilement les pattes sur un fond grillagé.

- Le papier recyclé compressé : ce type de litière est dépourvu de poussière et bien absorbant. Marcher constamment sur ces petits cylindres est cependant très désagréable.
- La terre ou le sable : bien que ce soit très amusant pour la gerbille d'y creuser, l'hygiène y est presque impossible à maintenir. Les selles et l'urine souillent rapidement le tout même si rien n'y paraît. La gerbille vit donc sur un sol contaminé de bactéries. Cette solution qui semble à prime abord la plus proche de la nature est en réalité un environnement non sécuritaire.

Le nettoyage de la cage

Lavez la cage à l'eau chaude et savonneuse au besoin (1 ou 2 fois par semaine). Le savon à vaisselle est adéquat. Pour une désinfection plus en profondeur (cage habitée par une gerbille malade ou en convalescence), diluez une partie d'eau de Javel dans 30 parties d'eau. Rincez soigneusement, car les résidus des produits nettoyants sont toxiques.

Les accessoires

Pour connaître les bols de nourriture et d'eau les plus adéquats, consultez le chapitre VI.

En ce qui concerne le nid, la gerbille apprécie un environnement propre et un lit douillet. Que ce soit une simple boîte en carton, un panier en osier, une maisonnette ou tout autre accessoire vendu en animalerie, votre gerbille aimera certainement y dormir. Ajoutez-y un morceau de tissu pour le rendre plus confortable. Le nid est un accessoire primordial. La gerbille qui en est privée est plus nerveuse et se sent moins en sécurité. Voici quelques exemples d'accessoires appréciés. Des mouchoirs en papier : vous pouvez lui offrir la boîte pleine. Elle s'amusera à déchiqueter les mouchoirs et à se coucher dans cet endroit douillet. Quel bel endroit pour se reposer ! La gerbille appréciera tout autant les essuie-tout, une débarbouillette en ratine ou une chaussette en laine.

Les gerbilles aiment également somnoler à l'intérieur d'une pantoufle, d'un bonnet de laine, d'un chapeau ou d'une casquette. D'autres se façonnent un nid douillet dans un tas de foin ou s'installent dans une épaisse couche de copeaux de bois. À chacun ses goûts ! L'instinct de la gerbille la pousse à reconstruire rapidement son nid qui a été détruit. Elle commence par déchiqueter une grande quantité de papier, de carton, de morceaux de bois, ou tout autre matériel qui lui tombe sous la dent. Elle les transporte ensuite à l'endroit prévu pour le nid. C'est un véritable travail d'équipe lorsque la gerbille n'est pas seule : il y a les déchiqueteurs et les transporteurs. Un monticule est rapidement formé et est tapissé en son centre des matériaux les plus doux.

Remarque

- La ouate et autres types de matériaux de même nature utilisés dans le nid peuvent occasionner des problèmes. Ces fibres souples peuvent s'enrouler autour des doigts, des pieds ou des pattes et provoquer une mauvaise circulation sanguine dans le membre. Faute de les ôter rapidement, la gerbille pourrait perdre un doigt ou plus. D'autre part, leur ingestion peut provoquer un blocage intestinal, voire la mort.

Il se vend dans les animaleries des hamacs et des tentes en tissu moelleux que l'on suspend au grillage de la cage. Les gerbilles s'y glissent volontiers. Vous pouvez même vous amuser à les fabriquer.

- Pour le hamac : choisissez un morceau de tissu carré ou rectangulaire dont les fils ne se tirent pas facilement (fibres polaires, finette). Faites une bordure à la machine à coudre. Taillez une petite ouverture à chaque coin et glissez-y un crochet de rideau de douche. Suspendez le hamac au toit de la cage.

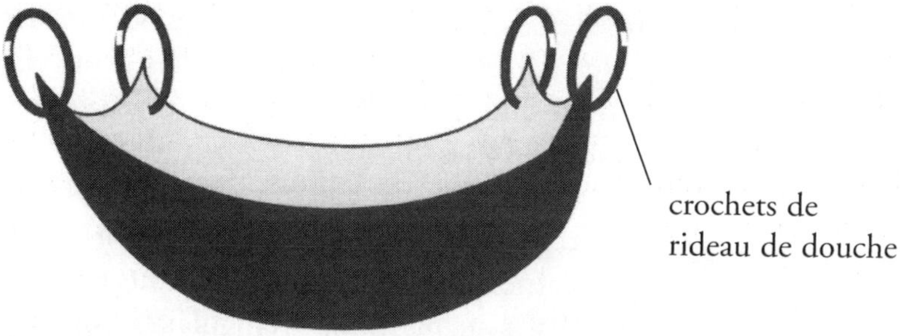

Le hamac

- Pour la tente : taillez un rectangle dans du tissu identique à celui du hamac. Faites une bordure à la machine à coudre. Superposez le coin A au coin C et le coin B au coin D. Faites une couture pour fixer le tout. La tente est alors formée. Taillez deux ouvertures pour placer les crochets de rideau de douche. Il ne reste plus qu'à suspendre la tente dans la cage.

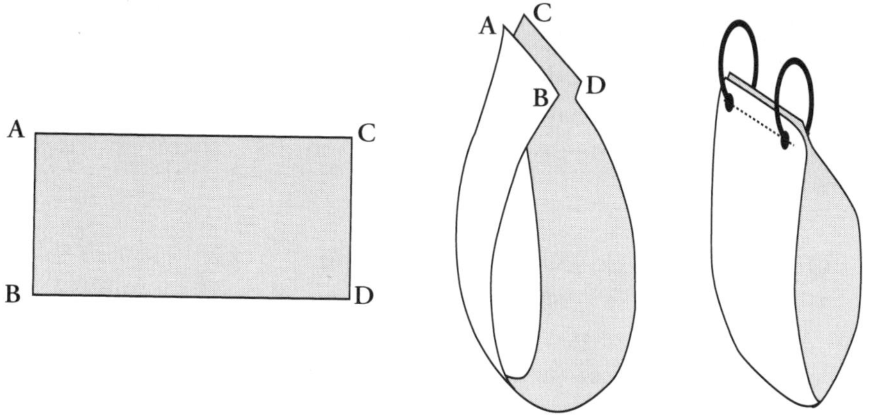

La tente

Conseils

- Au besoin, nettoyez les accessoires en tissu, car les odeurs ont tendance à s'y incruster. Utilisez un savon doux. Les produits trop parfumés laissent un résidu irritant pour la peau et le système respiratoire de certaines gerbilles.
- Le bac à litière : la gerbille fait généralement ses besoins dans un coin de la cage. Il est donc possible que vous tiriez profit de ce comportement pour l'entraîner à utiliser une litière. Vous trouverez en animalerie de petits bacs en plastique triangulaires conçus pour être placés dans un coin de cage. Installez-le à l'endroit le plus fréquenté par la gerbille pour faire ses besoins. Comme fond, on peut utiliser des copeaux de bois mais surtout, jamais de la litière à chat régulière ou agglomérante. La gerbille se roulerait dedans. Si elle en mangeait, elle pourrait souffrir d'un blocage intestinal qui lui serait fatal. Évitez absolument ces produits.

Les jouets

La gerbille a besoin de beaucoup d'exercice. Elle est très énergique et si elle ne se dégourdit pas assez, elle risque l'ankylose. Dans la nature, elle parcourt de longues distances pour trouver sa nourriture. Les jouets les plus importants sont donc ceux qui favorisent l'activité physique. Chaque gerbille a cependant ses préférences en ce qui concerne ses activités ludiques. À vous de découvrir quelles sont les activités favorites de la vôtre.

Quelques idées de jouets ou d'activités

- Roue d'exercice : courir dans cette roue d'exercice pour rongeur est une activité physique appréciée. Cela permet de rester en forme. Choisissez de préférence les modèles dont la surface de course est uniforme. Une surface grillagée est moins confortable pour les pieds de votre protégée. Elle risque aussi de se blesser en se coinçant une patte. Afin de rendre la roue grillagée plus sécuritaire, entrelacez un carton souple de la largeur de la roue entre les barreaux de la surface de course. Vous devrez évidemment le changer souvent. L'hygiène de la roue est primordiale. On peut huiler une roue qui grince avec un produit non toxique comme l'huile minérale ou l'huile d'olive. Les roues en plastique font moins de bruit, mais la gerbille les ronge plus facilement. Choisissez une roue dont le diamètre est suffisamment grand, afin que l'animal ne courbe pas trop le dos lorsqu'il court.

La cage devrait contenir autant de roues d'exercice qu'il y a de gerbilles à l'intérieur. Rappelez-vous cependant qu'une roue ne suffit pas pour divertir une gerbille. Il est recommandé d'enrichir l'environnement de votre animal avec des jouets variés.

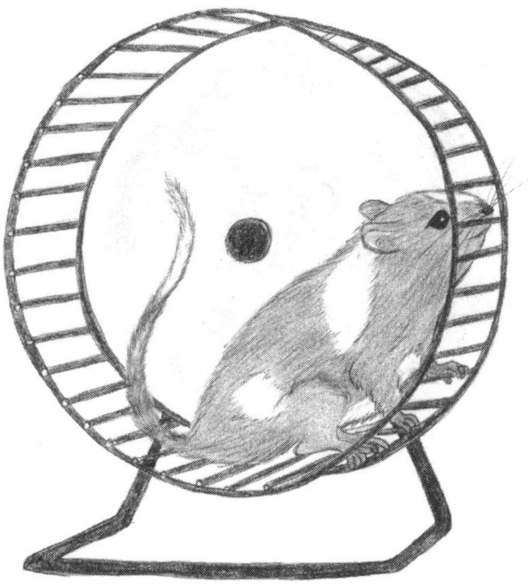

Roue d'exercice

- Boule d'exercice : vous trouverez dans les animaleries des boules en plastique transparent munies de trous d'aération. Elles servent à faire marcher la gerbille de façon sécuritaire dans la maison. À l'intérieur de la boule, elle ne risque pas de se blesser et peut courir partout. Mais, comme la circulation d'air n'y est pas parfaite, ne la laissez pas plus de 15 à 20 minutes chaque fois. Offrez-lui une autre activité entre chaque balade.

Boule d'exercice

- Cordage suspendu formant une balançoire.
- Jouets d'oiseaux en bois et en cuir : accrochez-les au grillage de la cage. Elle les grignotera et s'amusera à y grimper.
- Sac en papier : la gerbille aime y entrer, s'y cacher et s'y endormir. Elle finira certainement par s'amuser à le déchiqueter.
- Nid d'oiseau vendu en animalerie et panier en osier naturel feront une belle cachette. Ils peuvent aussi servir de repaire pour dormir.

Éventuellement, la tentation de les ronger deviendra trop forte et il faudra les remplacer.

- Noix de coco : coupez-la en deux et débarrassez-la de sa pulpe blanche. Désinfectez-la au four à 80 °C (175 °F) pendant 20 minutes. La gerbille aime la ronger. Conservez la pulpe et offrez-la lui en gâterie. Si vous percez un trou assez grand sur la noix entière, elle fera une jolie maisonnette. Une moitié de noix (côté arrondi vers le sol) ressemble à un nid. La gerbille s'y reposera ou l'utilisera comme berceuse.
- Vieux magazines ou vieux livres : la gerbille à l'esprit destructeur pourra se défouler à loisir avec tous ces papiers à déchiqueter.
- Petites boîtes en carton. Elles servent de cachettes et, empilées en forme de pyramide, elles sont amusantes à escalader. Percez-les de plusieurs ouvertures. La gerbille prendra un grand plaisir à les visiter.
- Tube en chlorure de polyvinyle (CPV) : ne saviez-vous pas que passer dans ce tunnel est bien amusant ?
- Petites branches de pommier désinfectées au four (même méthode que pour la noix de coco) : ces petits objets sont bien intéressants à grignoter.
- Blocs de bois pour enfant : elle les gruge ou s'assoit tout simplement dessus.
- Rouleaux de papier de toilette ou d'essuie-tout vides : ce sont d'amusants tunnels. Faites préalablement une entaille le long du rouleau afin d'éviter que la gerbille ne reste coincée.
- Boules de papier chiffonné : c'est intéressant à déchiqueter. Cachez-y une gâterie.
- Boîte pleine de mouchoirs en papier : la gerbille les sort un par un et les déchiquette. Elle finit souvent par se coucher dans le tas de papier ou dans la boîte.
- Animaux en peluche : bien des gerbilles trouvent rassurant de se blottir contre un tel jouet. Évitez cependant ces accessoires si la gerbille les éventre et se couche dans la ouate qu'ils contiennent.

- Gâterie cachée dans un gant, une chaussette ou une boule de papier chiffonné : votre gerbille travaillera fort pour la récupérer.
- Balle de tennis trouée : percez deux ou trois trous dans une balle neuve. Voilà une cachette bien amusante. Assurez-vous que la grandeur de l'ouverture est sécuritaire.
- Noix de pacane ou noisette dans leur coquille : ces noix très dures sont d'intéressants jouets à ronger.

Il est important de toujours laisser de petits jouets dans la cage, mais pour prévenir les accidents et les situations fâcheuses, voici quelques conseils.

À éviter

- Les jouets avec de petites ouvertures dans lesquelles la gerbille pourrait se coincer la tête.
- Les jouets ayant appartenu à un animal malade.
- Les jouets potentiellement contaminés, par exemple, par la salmonelle (contenant en carton ayant servi à ranger les œufs) ou par des résidus de produits toxiques (bouteille en plastique vide ayant contenu du détergent ou tout autre produit dangereux).

CHAPITRE V

Alimentation

Dans la nature, la gerbille se nourrit de diverses plantes. Elle en consomme le feuillage, les fleurs, les racines et les graines au gré des saisons. Elle grignote aussi du foin et des herbages. À l'occasion, un insecte est ajouté à son menu. La gerbille mange de nombreux petits repas. Cette façon de faire permet de bien supporter son métabolisme élevé. Gourmande et curieuse, elle apprend rapidement à venir vers vous lorsque vous lui présentez une gâterie. De nature un peu jalouse, elle peut se chamailler avec ses copines pour le dernier bout de biscuit. C'est pourquoi harmoniser le nombre de gâteries offertes au nombre de gerbilles vivant dans la cage évite les tensions.

La coprophagie, un comportement surprenant

La gerbille pratique la coprophagie, c'est-à-dire qu'elle consomme une certaine quantité de ses propres selles. Elle les récupère directement à leur sortie de l'anus. Ce comportement qui peut sembler rebutant est tout à fait naturel. Il permet à l'animal de récupérer des vitamines du complexe B et d'autres nutriments. Un individu incapable de pratiquer cette activité développe des carences.

La gerbille obèse

Certaines gerbilles ont tendance à prendre facilement du poids. Une mauvaise alimentation (uniquement composée de grains et de graines) et un manque d'exercice sont les deux principaux facteurs de l'obésité. Un surplus de poids significatif est associé à un risque accru de diabète.

Remarque

Si votre gerbille souffre d'obésité, demandez conseil à votre vétérinaire avant de la mettre au régime. Il faudra procéder graduellement, car une perte de poids trop rapide pourrait nuire à sa santé.

Composer un menu équilibré

La gerbille ne consomme pas d'instinct ce qui est meilleur pour sa santé. Elle choisit d'emblée les graines riches en gras plutôt que la moulée équilibrée. Afin de la garder en santé et de lui permettre de vivre plus longtemps, voici quelques conseils :

- 80 % de l'alimentation quotidienne devraient être composés de moulée pour petits rongeurs ; vous trouverez cet aliment en animalerie sous le nom de *nutri bloc* ou *rodent chow* ;
- 10 % à 15 % de l'alimentation quotidienne peuvent être constitués de mélanges de grains pour petits rongeurs ;
- Les fruits, les légumes, les produits céréaliers, laitiers et à base de protéines animales ne devraient pas représenter plus de 5 % à 10 % de la ration quotidienne n'étant offerts qu'à titre de gâteries.

La moulée pour petits rongeurs

Il se vend dans le commerce, une moulée spécialement conçue pour les petits rongeurs (*nutri bloc* ou *rodent chow*). Elle est constituée de petits blocs carrés de couleur beige qui contiennent tous les éléments nutritifs nécessaires. Cette moulée devrait composer la majeure partie de l'alimentation de votre gerbille, soit environ 80 %. Laissez-en en permanence dans la cage. Bien qu'elle semble peu attrayante, la majorité des gerbilles en consomment sans problème. Si votre animal n'en a jamais mangé, procédez graduellement au changement alimentaire. Soyez certain qu'elle en mange réellement avant de couper graduellement sa ration habituelle de grains. Soyez patient, certaines gerbilles peuvent prendre beaucoup de temps avant de daigner y goûter. Des troubles gastro-intestinaux ou une perte de poids significative sont parfois le résultat d'un changement alimentaire trop brusque. Choisissez une moulée dont la composition est la suivante : 16 % de protéines et 4 à 5 % de matières grasses.

Remarques

- La moulée doit être fraîche et sentir bon. Attention à celles qui sont vendues en vrac, car elles sont parfois périmées. On estime que les éléments nutritifs contenus dans cet aliment sont stables pendant environ 168 jours dans des conditions d'entreposage excellentes, soit moins de 25 °C (77 °F) et 50 % d'humidité. La moulée se conserve donc parfaitement au réfrigérateur, dans un plat hermétique. L'air, la lumière et la chaleur sont les principaux agents responsables de sa dégradation. Si aucune date de péremption n'apparaît sur le sac, jetez-le après quatre mois, sauf si vous avez pris soin de le mettre au congélateur. Une moulée gelée se conserve beaucoup plus longtemps. Certaines vitamines sont plus instables que d'autres. C'est le cas des vitamines A et C et de la thiamine. Il est bien d'ajouter ces vitamines dans l'alimentation si la moulée est un peu vieille. Pour ce faire, procurez-vous un supplément vitaminique préparé pour les petits rongeurs. Jetez une moulée moisie ; les moisissures produisent parfois des mycotoxines qui pourraient tuer la gerbille.

- N'achetez pas plusieurs kilos de moulée à la fois. Vos gerbilles prendront trop de temps à la consommer et elle perdra sa valeur nutritive. En l'achetant en petites quantités dans un magasin réputé où il y a beaucoup de roulement, vous serez certain de la fraîcheur du produit.

Les mélanges de grains pour petits rongeurs

Ces mélanges contiennent différentes graines, mais souvent beaucoup trop de graines de tournesol qui sont particulièrement riches en gras. Une alimentation riche en matières grasses est néfaste pour la santé et prédispose à l'obésité, à l'engorgement du foie par du gras et aux pierres dans la vésicule biliaire. Par ailleurs, les graines ne contiennent pas suffisamment de calcium, d'où des problèmes d'ostéoporose en cas de surconsommation. Bien qu'une petite portion du mélange soit composée de boulettes de moulée verte, la gerbille leur préfère les graines. Ces mélanges ne devraient donc pas constituer la partie principale de l'alimentation. Utilisez-les plutôt comme gâterie : une petite pincée chaque jour.

Remarques

- Une graine de qualité peut germer. En partant de ce principe, vous pouvez vérifier la fraîcheur d'un mélange de grains. Déposez une petite quantité du mélange sur un papier humecté d'eau. Placez le tout dans le noir et à la chaleur pendant deux ou trois jours. Assurez-vous que le papier ne sèche pas. Si le pourcentage de germination est faible, votre mélange de grains n'est probablement plus très frais. Il n'est pas toxique, mais sa valeur nutritive est moindre.
- Certaines gerbilles apprécient beaucoup les mélanges de graines pour oiseaux (perruches, pinsons, perruches callopsites ou perroquets).

- Les branches de millet, aussi appelées millet en grappe pour oiseaux, sont tout particulièrement appréciées de la gerbille. Elles correspondent au type de graines retrouvées en saison dans sa nature d'origine. Faites-lui plaisir et offrez-lui en à l'occasion.
- L'analyse garantie d'un mélange de grains pour petits rongeurs peut sembler adéquate. L'analyse est cependant basée sur tous les éléments qui la composent. Pour avoir accès à tout ce qui y est indiqué, la gerbille devrait manger tout ce qu'il y a dans le mélange, sans exception. En réalité, elle consomme principalement les grains et laisse la moulée de côté. Elle n'ingurgite donc pas ce qui est garanti sur la boîte, d'où le déséquilibre alimentaire.

Les autres aliments

Les fruits et les légumes

Certaines gerbilles raffolent des fruits et des légumes frais ou séchés. Procédez doucement à l'introduction de ces aliments. Si une gerbille en consomme pour la première fois et en trop grande quantité, elle pourrait bien avoir une diarrhée passagère. Évitez les changements soudains d'alimentation et offrez les fruits et les légumes en petites rations.

Les fruits et les légumes appréciés par la gerbille

Ananas	Chou-fleur	Melon	Pomme
Asperge	Citrouille	Navet	Prune
Bleuet	Courgette	Orange	Radis
Brocoli	Épinard	Panais	Raisin
Carotte	Fraise	Papaye	Poivron jaune, vert, rouge
Céleri	Laitues de toutes sortes		
Cerise			

Conseils

- Enlevez toujours les noyaux et les pépins avant de servir les fruits.
- Comme ce type d'aliments se détériore rapidement, jetez tout ce qui n'a pas été consommé après quelques heures. N'oubliez pas d'inspecter sa cachette de nourriture, car à cet endroit, les fruits et les légumes juteux ont vite fait de moisir.

Les produits céréaliers

Ces aliments plaisent tout particulièrement à la gerbille.

Gruau
Céréale d'avoine (type Cheerios)
Rice Krispies, Corn Flakes
Riz
Riz soufflé
Pain (idéalement au blé ou multigrains)
Croissant
Muffin
Couscous

Conseil

- Évitez toutes les pâtisseries sucrées ou au chocolat.

Les produits laitiers

N'en abusez pas et tenez-vous en à de simples petits morceaux de fromage à pâte ferme.

Les protéines d'origine animale

La gerbille se régale à l'occasion d'aliments riches en protéines comme les œufs cuits dur, moulée à chat ou à chien et de larves de ténébrions (vers à farine). Ces gâteries ne doivent être données qu'occasionnellement. Vous trouverez les vers de farine facilement en animalerie. Si le cœur vous en dit, vous pouvez même en faire l'élevage.

Un élevage peu commun

Les ténébrions sont de petits vers beiges et charnus. Ils mesurent environ 1,5 cm et possèdent six minuscules pattes. Bien qu'ils se déplacent lentement, faites attention de ne pas les laisser s'échapper. Ils pourraient bien découvrir votre garde-manger et s'établir dans votre sac de farine.

Les accessoires nécessaires

- Un bocal de verre avec son couvercle ou tout autre contenant qui se ferme adéquatement.
- Un mélange de farine, de Pablum et de gruau.
- Un morceau de fruit ou de légume frais.
- Des larves de ténébrions.

Élevage de ténébrions meuniers

Déposez au fond du contenant une épaisse couche du mélange préparé. Installez-y les vers et le morceau de fruit ou de légume. Fermez le contenant. N'oubliez pas de percer des trous dans le couvercle pour permettre une bonne aération mais les vers ne doivent pas pouvoir passer. Placez votre élevage dans un endroit sombre et tempéré. Après quelques semaines, vous verrez apparaître des insectes noirs. C'est la phase adulte du ver. Ces insectes s'accouplent et pondent des œufs. Quand le cycle de vie de l'insecte sera bien établi, vous pourrez prélever des vers. Ne donnez jamais de chrysalides ou d'adultes à votre gerbille.

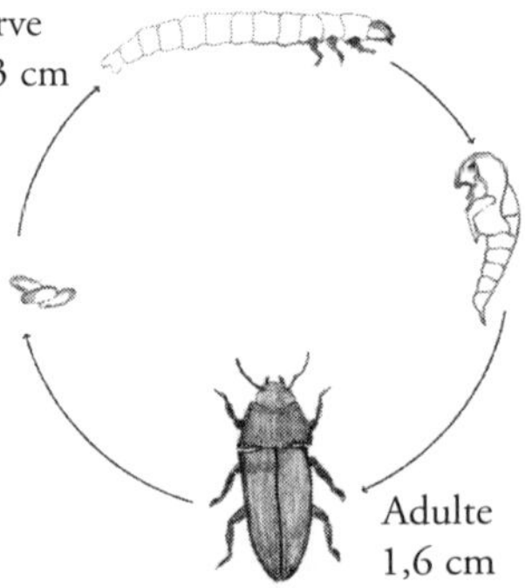

Cycle de vie du ténébrion meunier

Remarques

Tenez la larve avec une petite pince lorsque vous l'offrez à votre gerbille. Vous éviterez de vous faire mordre les doigts. Excitée par la gâterie, elle l'attrape rapidement et ne distingue pas toujours la main qui lui offre.

Saviez-vous que les larves de ténébrions font le régal de certaines personnes ? Tous les ans, l'Insectarium de Montréal organise l'événement Croque-insectes. Plus de 30 000 personnes y participent et dégustent des insectes apprêtés par des chefs de l'Institut de tourisme et d'hôtellerie du Québec. Le menu comprend des biscuits aux larves de ténébrions, des grillons trempés dans le chocolat ou des chrysalides de ver à soie apprêtées de façon tout à fait surprenante. Les amateurs sont d'accord pour dire que tous ces insectes sont particulièrement délicieux. Plus de 100 000 larves de ténébrions sont ainsi consommées chaque année, en plus des nombreux autres insectes. Si le tout vous a ouvert l'appétit, procurez-vous le livre *Des insectes à croquer, guide de découverte,* de l'Insectarium de Montréal et Jean-Louis Thémis (Les Éditions de l'Homme, 1997).

Le foin sec

Mettez à la disposition de votre gerbille un peu de foin sec, le même que celui qu'on donne aux lapins. Elle en grignotera à l'occasion. Le foin sec représente une excellente source de fibres naturelles et contribue à faciliter la digestion.

Remarques

- Assurez-vous que le foin est bien sec. L'humidité favorise les moisissures et certaines d'entre elles produisent des toxines dangereuses. Jetez tout foin moisi.
- Si possible, procurez-vous un foin de culture biologique sans pesticide. Il est de bien meilleure qualité. Ce foin peut cependant héberger des œufs d'insectes. De petits papillons en émergent parfois. Ils ne sont pas dangereux pour votre gerbille, mais ils peuvent vous causer bien des désagréments, car ils s'attaquent aux fibres naturelles comme la laine. S'ils trouvaient votre beau chandail en mohair, ils auraient vite fait de le trouer. Afin d'éviter ce problème, gardez le foin au congélateur. Le froid neutralise la croissance des œufs d'insectes. Décongelez la quantité requise au fur et à mesure.

Des exemples d'aliments à éviter

- Le chocolat : il contient de la théobromine qui, même en petites doses, peut causer la mort de votre animal. Si votre gerbille en ingère accidentellement, consultez rapidement votre vétérinaire. La situation est d'autant plus critique que l'anatomie de la gerbille ne lui permet pas de vomir pour évacuer les résidus toxiques. Si elle ne peut recevoir de soins spécialisés rapidement, faites-lui avaler une petite quantité (½ à 1 ml) de charbon activé (vendu en pharmacie), une substance qui aide à limiter l'absorption de la théobromine par l'intestin. Consultez quand même rapidement votre vétérinaire. Voici les signes cliniques d'une intoxication : soif, diarrhée, incontinence urinaire, agitation, spasmes musculaires et convulsions, qui mènent au coma et à la mort.

Il se vend en animalerie des pastilles de simili chocolat (à la caroube) destinées aux petits rongeurs. Vous pouvez en donner en très petites quantités. Les sucres contenus dans ce produit peuvent occasionner de la diarrhée.

- La bactérie Salmonella sp se trouve à l'occasion dans l'œuf cru. Elle provoque des dérangements gastro-intestinaux et de la diarrhée. La cuisson suffit à détruire la bactérie.
- Une petite gorgée de cognac ne fera pas guérir votre gerbille plus rapidement. Évitez absolument toute boisson alcoolisée.
- Le café et le thé contiennent de la caféine, un excitant indésirable pour les animaux.
- Les pépins de pommes, les noyaux de cerises, d'abricots, de prunes, de raisins, de pêches, etc. recèlent un composé voisin du cyanure qui peut tuer l'animal s'il en consomme en quantité suffisante.

L'eau fraîche

Même si la gerbille est originaire de climats désertiques et qu'elle ne boit pas beaucoup, elle doit avoir accès à de l'eau fraîche en tout temps. Une gerbille adulte en boit de 4 à 10 ml chaque jour. Cette quantité varie selon le poids, la température ambiante, l'exercice pratiqué et la consommation d'aliments riches en eau (fruits et légumes). Il est absolument faux de prétendre qu'une gerbille peut combler ses besoins en eau en ne consommant que des fruits ou des légumes et il est cruel de la priver de ce précieux liquide. Bien qu'elle lui permette de vivre quelque temps, l'eau présente dans les aliments ne peut sous aucun prétexte remplacer l'eau fraîche.

Selon sa personnalité, une gerbille préférera boire à la bouteille ou dans un bol. À vous de déterminer sa préférence.

- La bouteille. La plupart des bouteilles distributrices d'eau vendues dans les animaleries sont bien adaptées aux besoins de la gerbille. Elles ont l'avantage de garder l'eau propre, à l'abri des excréments de l'animal. Vérifiez le bon fonctionnement du mécanisme de distribution. Passez votre doigt sur la bille à l'extrémité de la pipette pour vous assurer que le liquide s'écoule facilement. Certaines bouteilles comportent un défaut de fabrication et laissent sans cesse échapper des gouttes au fond de la cage. Remplacez rapidement la bouteille défectueuse, car un environnement humide est très malsain pour votre animal. Si vous décidez d'installer une bouteille d'eau dans la cage de votre gerbille, assurez-vous qu'elle en comprend bien le principe. Si vous voyez monter des bulles d'air dans la bouteille lorsque votre animal actionne le mécanisme, vous serez certain qu'il s'abreuve adéquatement. Si votre gerbille n'a jamais bu à la bouteille, laissez un bol d'eau à sa disposition les premiers jours et observez-la. Pensez à abaisser la pipette à une hauteur accessible aux très jeunes gerbilles (à partir de deux semaines). Bien qu'elles ne soient pas encore sevrées, elles doivent absolument consommer une petite quantité d'eau, sans quoi elles peuvent se déshydrater et mourir.
- Le bol. Idéalement, le bol d'eau est pesant. Ainsi, la gerbille turbulente le renversera moins facilement. La céramique est préférable au plastique. Elle est en effet plus lourde et résiste mieux aux assauts des petites incisives coupantes. Il n'est pas facile de garder

un bol d'eau propre. La gerbille hyperactive le remplit constamment de copeaux de bois ou autres particules. Si votre gerbille le souille sans arrêt, achetez un modèle qui s'accroche au grillage de la cage. Les bols destinés aux oiseaux font très bien l'affaire. En surélevant ainsi le bol du fond de la cage, l'eau risque moins d'être souillée par des selles ou par toute autre chose. Elle doit évidemment être changée dès qu'elle est souillée, plusieurs fois par jour.

Remarques

- Il arrive que des algues vertes se forment dans la bouteille d'eau près de la pipette. Elles peuvent être dangereuses pour la santé. Nettoyez régulièrement l'intérieur de la pipette à l'aide d'un coton-tige et stérilisez le tout au lave-vaisselle.
- L'eau du robinet est adéquate pour votre gerbille, à moins qu'elle ne soit trop chlorée. Pour éliminer le chlore, laissez reposer l'eau quelques heures ou faites-la bouillir quelques minutes. L'eau embouteillée est aussi un bon choix. Évitez les eaux à teneur élevée en minéraux.
- Il n'est pas nécessaire d'ajouter un supplément de vitamines et de minéraux à l'eau de votre gerbille, à moins que votre vétérinaire ne le prescrive.

Le bol de nourriture

Choisissez le bol de nourriture d'après les mêmes caractéristiques que le bol d'eau, et pour les mêmes raisons. La gerbille vide souvent son plat de nourriture. Elle en éparpille un peu partout dans la cage ou en transporte dans son nid. Les femelles ont tendance à cacher plus souvent de la nourriture que les mâles. Inspectez souvent cet endroit et éliminez tout aliment qui semble défraîchi. Le bol doit toujours contenir de la nourriture fraîche.

Les blocs de minéraux

Ne donnez pas de bloc de minéraux à votre gerbille, car une consommation excessive de minéraux n'est pas bonne pour les reins. Il est préférable de lui offrir autre chose à ronger.

Gerbille noir pie

Gerbille noir pie

Gerbille agouti pie

Gerbille beige et gerbille agouti

Gerbille beige et gerbille noir pie

CHAPITRE VI

Soins et éducation

Les soins

La gerbille est un animal très propre et très fier de sa personne. Elle prend soin d'elle-même en se léchant soigneusement. Tout comme le chat, elle se toilette souvent au cours d'une journée. Le rituel est toujours fascinant à observer.

Gerbille faisant sa toilette

La gerbille commence par s'asseoir sur ses pattes arrière. Elle humecte ses pattes avant en les léchant rapidement. Elle lave d'abord le bout de son nez, puis passe ses pattes sur sa face et enfin derrière ses oreilles en les rabattant vers l'avant. Quand elle considère que cette partie est assez propre, elle se retourne sur elle-même et lèche son dos puis, finalement, son ventre. De cette façon, la gerbille se nettoie et répartit les huiles essentielles et les sécrétions de la glande de Harder provenant de ses larmes sur tout son corps. Le rituel du toilettage inclut aussi des séances de grattage avec ses pattes arrière.

Le bain de sable

Afin d'assurer la santé et la beauté de la fourrure de votre gerbille, elle doit se rouler quotidiennement dans le sable. Cette habitude n'est pas surprenante, après tout, elle est un animal originaire des régions désertiques. Le bain de sable est donc un accessoire des plus importants.

Le sable recommandé est le même que celui utilisé pour le chinchilla. Aucun autre produit ne peut le remplacer adéquatement. Évitez absolument l'utilisation des produits suivants :

- sable de plage ;
- sable provenant d'aires de jeux extérieures ;
- litière pour chat agglomérante ;
- gravier pour oiseaux ;
- poudre de talc.

Dans ce bain, la gerbille devient tout excitée. Elle gratte frénétiquement avec ses pattes avant puis effectue plusieurs tours sur elle-même. Elle se relève rapidement et se secoue pour enlever l'excédent de sable sur sa fourrure. Elle recommence l'expérience à quelques reprises et en retire une immense satisfaction. La gerbille apprécie prendre un bain de sable tous les jours. La séance peut durer de 15 à 20 minutes, après quoi le bain est retiré de la cage. Un bain laissé trop longtemps est éventuellement souillé par l'urine et les selles et n'est plus hygiénique.

La préparation du bain

Déposez 1 ou 2 cm de sable au fond d'un contenant assez grand pour permettre à la gerbille de s'ébattre librement. Un grand bocal de verre est un bon choix car il permet de bien observer le comportement amusant. Il arrive que quelques selles se retrouvent dans le sable. En petites quantités, elles ne causent pas de problème, il s'agit simplement de les enlever et le sable est réutilisable. Si la gerbille y a uriné, il faut le jeter.

Le bain moussant

Baigner sa gerbille n'est pas nécessaire ; c'est même déconseillé. Sa petite taille la rend très sensible aux refroidissements. De toute façon, les gerbilles n'aiment pas l'eau. Ne lavez votre gerbille que si cela s'avère absolument nécessaire, c'est-à-dire si elle souille son pelage sérieusement. Pour les cas moins graves, utilisez une serviette humectée d'eau tiède. Passez-la doucement sur les parties salies. On peut utiliser localement un peu de savon, sans oublier de bien rincer la partie sous un jet d'eau. Quand un nettoyage plus en profondeur est nécessaire, la gerbille n'a plus le choix : elle doit plonger !

Les étapes du bain

Remplir un petit bac avec quelques centimètres d'eau tiède. Déposez-y la gerbille en la tenant bien. Remplissez un contenant ou le creux de votre main avec un peu d'eau et versez-la sur elle. Une fois qu'elle est bien mouillée, appliquez le savon et faites mousser en massant. Insistez aux endroits les plus sales. Rincez soigneusement en faisant couler sur elle un filet d'eau tiède provenant du robinet. Un rinçage minutieux est important, car des résidus de savon laissés sur la peau peuvent causer des irritations et des démangeaisons.

Une variante. Il arrive qu'une gerbille accepte volontiers de prendre une douche. Utilisez alors pour la mouiller et la rincer une pomme de douche à faible débit.

Une fois la douche ou le bain terminé, enveloppez l'animal dans une serviette et séchez-le bien, car il est sujet aux refroidissements. Vous pouvez utiliser un séchoir à cheveux à basse intensité. L'étape du séchage est importante pour éviter que votre animal ne souffre d'hypothermie.

Remarques

- Le choix du shampoing est important : ceux à l'odeur prononcée peuvent irriter la peau. Évitez d'utiliser les shampoings pour bébé ou tout autre produit destiné aux humains, si doux soient-ils. Leur pH et leur composition ne conviennent pas aux animaux. Vous trouverez facilement des shampoings pour animaux beaucoup mieux adaptés.
- Les shampoings secs (en poudre) ne sont pas recommandés, car ils assèchent la peau. De plus, la gerbille pourrait ingérer les résidus laissés sur son pelage, ce qui entraînerait des problèmes de santé.
- L'usage de parfums ou de produits parfumés est déconseillé. Ces substances chimiques sont irritantes pour la peau et le système respiratoire.
- La gerbille est frileuse. Elle aime que le shampoing soit tiède. Réchauffez la quantité nécessaire dans le creux de votre main ou faites tremper la bouteille quelques minutes dans l'eau chaude avant de l'utiliser.
- Ne diluez pas le shampooing en mettant de l'eau dans la bouteille. Les agents de conservation ainsi dilués n'arrivent plus à contrôler la croissance de micro-organismes et le produit se dégrade rapidement.
- Si possible, baignez votre gerbille pendant la journée. Elle sera peut-être un peu plus calme, car sa période d'activité naturelle se situe au crépuscule et la nuit. Soyez consciencieux à l'étape du séchage, car il n'est pas bon que votre animal s'endorme le pelage encore humide.

Le brossage

Le brossage a pour but d'enlever les poils morts et de répartir uniformément les huiles naturelles. Chez la gerbille, cette procédure n'est pas absolument nécessaire, mais certaines adorent cette activité. Utilisez alors une brosse à dents très souple. Allez-y doucement, car toutes les gerbilles n'apprécient pas les séances de brossage. Il est possible que la vôtre tente de se sauver ou de vous mordiller. Ne forcez jamais un animal récalcitrant. Soyez patient et augmentez graduellement la durée des séances. Éventuellement, elle se laissera faire et vous fera savoir qu'elle apprécie en fermant les yeux à demi et en se rapprochant intentionnellement de la brosse.

Remarque

- Nettoyez bien la brosse à l'eau tiède avec un savon doux après chaque usage.

Les soins des griffes

La gerbille n'aime pas se faire toucher les pieds et ses griffes sont minuscules. Voilà deux raisons qui rendent la coupe des griffes difficile. Rassurez-vous, la grande majorité des gerbilles n'ont pas besoin de ce soin. Elles maintiennent leurs griffes courtes en grattant et en creusant.

Mais si l'opération est nécessaire, sachez qu'elle est délicate et que les risques de blessures sont présents, surtout si la gerbille est très remuante. Même si la griffe transparente laisse apparaître la veine, un faux mouvement suffit pour la couper. Il s'ensuit un saignement plus ou moins abondant et une douleur vive. Si la taille des griffes de votre gerbille est réellement nécessaire, confiez la tâche à votre vétérinaire. Si vous désirez quand même procéder à la coupe, voici la marche à suivre et quelques conseils de sécurité.

Le matériel nécessaire

- Un coupe-ongles ou une petite pince.

- Un produit coagulant: poudre hémostatique ou bâton de nitrate d'argent. La farine ou la fécule de maïs peuvent très bien dépanner.
- Une lime d'émeri.

La gerbille possède des griffes blanches; par transparence, le vaisseau sanguin est facile à visualiser. Pendant que quelqu'un la tient, pressez sa patte entre votre pouce et votre index. Les doigts s'écartent bien, et chaque ongle est facile à visualiser. Ne coupez que la pointe, au-delà de la partie rosée. Il vous faudra être prudent, car taillée trop court, une griffe peut saigner abondamment.

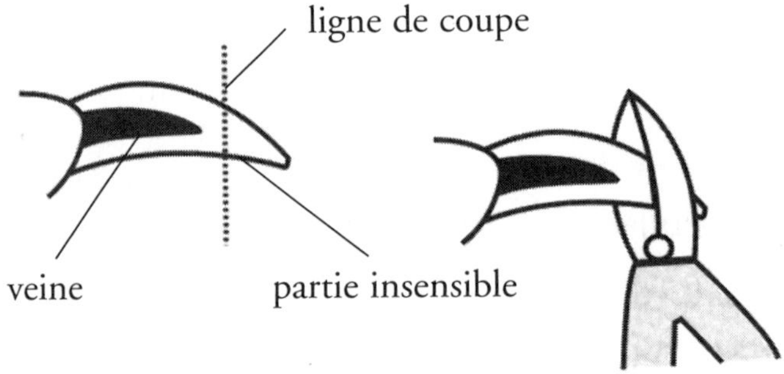

Taille des griffes

Si, par inadvertance, vous faites saigner une griffe, exercez une pression manuelle sur le doigt impliqué: cela ralentit le flot de sang. Épongez le surplus de sang avec un coton sec. Appliquez un produit coagulant directement sur le bout de la griffe. Il est parfois nécessaire d'en mettre plus d'une fois. Assurez-vous toutefois d'avoir bien épongé le sang entre chaque application. Quand le saignement est contrôlé, ne relâchez que graduellement la pression exercée sur le doigt afin d'éviter un retour de sang brutal. Si vous n'avez pas de produits hémostatiques, utilisez de la farine ou de la fécule de maïs. Ne mouillez jamais une griffe qui saigne, cela aggrave l'hémorragie.

Remarques

- Une griffe fraîchement taillée est parfois un peu rugueuse. Quelques coups de lime d'émeri régleront le problème.
- Si vous ne vous sentez pas à l'aise de couper les griffes de votre animal, essayer tout simplement de les limer. Ça rendra leur extrémité plus douce, et vous ne risquez pas de le blesser.

L'hygiène des oreilles

Les oreilles de la gerbille produisent très peu de cire. Il est donc très rarement nécessaire de les nettoyer. À l'occasion, vous pouvez passer un coton-tige imbibé d'un produit nettoyant à l'intérieur du pavillon de l'oreille. Soyez délicat, car la peau très mince et fragile se déchire facilement. Les produits nettoyants sont vendus en clinique vétérinaire et ont la particularité de dissoudre la cire. N'utilisez pas d'huile dans les oreilles de votre animal. Le liquide graisseux ne nettoie pas vraiment et laisse des résidus indésirables sur les poils autour des oreilles. Imaginez à quoi ressemblera votre gerbille si elle étalait l'huile sur tout son corps en se toilettant! Elle en avalerait aussi, ce qui nuirait à sa santé.

L'entretien des dents

Il n'est pas nécessaire de tailler les dents de votre gerbille, à moins qu'elles ne s'usent plus naturellement. Dans ce cas, le vétérinaire taille les incisives, et cela généralement sans anesthésie. Cependant, si les dents trop longues ont causé des blessures sérieuses (palais ou lèvres transpercés), l'anesthésie est nécessaire. Anesthésier un si petit animal n'est pas dangereux, à condition d'utiliser le gaz Isoflurane. Exigez cette méthode pour votre gerbille.

La contention

Les jeunes gerbilles et celles non apprivoisées peuvent facilement vous glisser des mains en essayant de s'enfuir. Soyez à l'affût de tous ses mouvements afin de ne pas la laisser tomber par terre. Une mauvaise chute pourrait lui être fatale et avoir de graves conséquences : fracture, commotion cérébrale, hémorragie interne. Manipulez la gerbille nerveuse au-dessus d'un coussin ou d'un lit. Si elle tombe, il y aura peu de risques qu'elle se blesse. Une règle de base pour toutes les contentions : ne tenez jamais une gerbille fermement. Si vous la serrez trop, elle s'agite, panique et finit par mordre. Et puis vous pouvez l'étouffer. Rappelez-vous aussi que son odorat est très sensible. Si votre gerbille refuse d'être prise, peut-être avez-vous sur les mains l'odeur d'un animal inconnu. Très effrayée, elle pourrait vous mordre. Ne pourchassez jamais votre animal, laissez-le plutôt venir à vous.

La contention de base

Manipulez toujours votre gerbille avec douceur. Elle doit se sentir en confiance avec vous. La majorité des individus apprivoisés montent sans problème dans la main où elle aime se faire caresser ou grimper sur votre bras. En tenant votre main près de votre corps, vous offrez à votre gerbille un endroit sécuritaire où se blottir. Dans le creux de vos deux mains, elle se sentira aussi très à son aise.

Contention de base

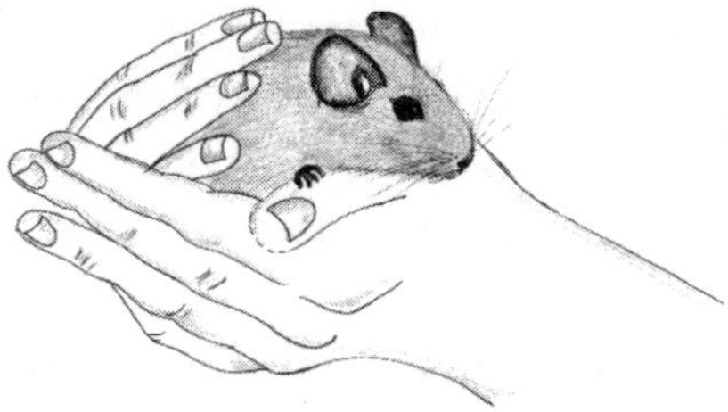

Contention de base

La contention par la base de la queue

Il est possible de tenir une gerbille par la base de sa queue, mais cette méthode n'est pas conseillée pour l'animal de compagnie, car elle ne privilégie pas un lien de confiance. De plus, la queue de l'animal est fragile et si la contention est effectuée par l'extrémité, la peau déchire laissant les vertèbres nues. Cela occasionne beaucoup de douleur. L'amputation est alors nécessaire. Une gerbille privée de sa longue queue a moins d'agilité dans ses déplacements car elle participe activement au maintien de son équilibre.

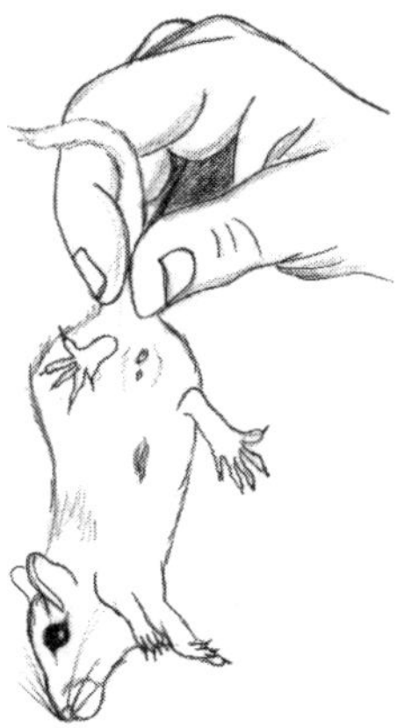

Contention par la base de la queue

La contention d'une gerbille agressive

Bien que l'agressivité soit exceptionnelle chez la gerbille de compagnie, il arrive que certaines mordent. Elles le font généralement par crainte et ce comportement disparaît dès qu'elles se sentent en confiance. Certains individus naturellement agressifs ne modifieront cependant jamais leur comportement.

Le but de cette contention est de vous protéger, de ne pas blesser l'animal et de maintenir son niveau de stress le plus bas possible. Essayez d'abord de la prendre avec une serviette éponge épaisse. Bien enveloppée, elle sera plus calme. Évitez de trop la serrer, cela pourrait l'empêcher de respirer. Pourchasser la gerbille avec la main glissée dans un gros gant épais est déconseillé. La gerbille en a peur, car cela ressemble à un prédateur voulant l'empoigner. De plus, votre dextérité est réduite et votre contrôle de l'animal est moins bon. Un récipient tel qu'une boîte de conserve peut être utile pour attraper le petit rongeur non coopératif. Invitez-la à y entrer en y cachant une friandise. Vous pourrez ainsi la transporter à loisir. Dans les cas extrêmes, il est possible de tenir la gerbille par la peau du cou entre le pouce et l'index. Dans cette position, elle ne peut pas vous mordre. Elle sera en revanche très agitée et il se peut qu'elle urine et défèque sur vous.

Contention d'une gerbille agressive

La contention d'une gerbille timide et nerveuse

Allez-y simplement avec douceur. Une gerbille nerveuse peut mordre par panique si elle se sent prise ou trop serrée dans vos mains. Soyez patient avec elle. Pour la prendre dans la cage, utilisez une tasse ou une boîte de conserve. Placez l'accessoire dans la cage. Elle finira par y pénétrer. À ce moment, prenez le piège dans vos mains et attendez que la gerbille en sorte. Comme elle n'aura pas été pourchassée et contrainte de sortir de sa cage, elle vous fera plus confiance et acceptera plus facilement de venir explorer le creux de votre main.

Contention d'une gerbille timide et nerveuse

La gériatrie

Vous remarquerez que tout comme les humains, votre gerbille subit l'effet des années. Et pour elle, les années passent vite. Si on compare avec l'humain, on peut dire que chaque jour, la gerbille vieillit d'environ une vingtaine de jours.

Tableau comparatif		
Temps réel		**Âge estimé de la gerbille**
1 mois	=	1 an 7 mois
3 mois	=	5 ans
6 mois	=	10 ans
1 an	=	20 ans
2 ans	=	40 ans
3 ans	=	60 ans
4 ans	=	80 ans
5 ans	=	100 ans

En vieillissant, votre gerbille deviendra de plus en plus sage. Elle bouge moins et passe une grande partie de son temps à se reposer. Qui plus est, l'arthrite entrave parfois ses mouvements. Son pelage n'est plus aussi lustré, car elle ne se toilette plus avec la même ardeur. Une amie plus jeune pourra l'aider en la toilettant. La gerbille vieillissante perd graduellement de sa masse et de sa force musculaires. Sa démarche devient un peu hésitante et elle se tient le dos rond. Des cataractes peuvent se former et donner un aspect bleuté à ses yeux. Elle perd alors graduellement la vue. Heureusement, une gerbille aveugle peut très bien se débrouiller. N'hésitez pas à rendre la vie de votre petite vieille plus facile et confortable en la gâtant un peu.

- Offrez-lui sa nourriture préférée.
- Gardez-la dans un environnement calme et tempéré.
- Manipulez-la avec douceur. Ses vieux os sont peut-être sensibles.
- Offrez-lui un morceau de tissu douillet. Elle pourra s'y reposer.

L'éducation

L'apprivoisement

Au début de la relation, la gerbille est très timide et n'ose pas venir au-devant des humains, mais avec le temps, elle apprend à apprécier leur compagnie, surtout celle de son maître. Elle ne sera jamais aussi fidèle qu'un rat pourrait l'être, mais une belle complicité peut s'établir. On peut considérer qu'elle est facile à apprivoiser. Avec un peu de patience et de douceur, vous parviendrez facilement à gagner sa confiance. Parlez-lui souvent. Attirez-la à l'aide de petits morceaux de nourriture appétissante. Commencez par les lui offrir du bout des doigts. Ensuite, elle acceptera de venir chercher le précieux butin au creux de votre main. Elle y restera d'ailleurs probablement pour le déguster. Dès qu'elle se sent à l'aise avec vous, prenez-la sur vous tous les jours en augmentant graduellement la durée et la fréquence de ses sorties. Laissez-la explorer son nouvel environnement petit à petit. Gardez-la toujours sous haute surveillance, car elle est championne dans l'art de se défiler. Si cela se produisait, placez la cage près de l'endroit où vous l'avez observée pour la dernière fois. Elle y retournera sans doute une fois son escapade terminée. Il est plus prudent de la faire marcher sur vous ou de la mettre dans une boule d'exercice. La clé du succès est de commencer l'apprivoisement le plus jeune possible. Un individu qui n'a pas été socialisé adéquatement dans son jeune âge est plus réticent à accorder sa confiance. Plus on s'occupe d'elle, plus elle devient gentille. Respectez votre animal : abordez-la toujours avec délicatesse et évitez de la surprendre.

L'entraînement à la propreté

La propreté dans la cage

Les gerbilles sont très actives. Bien que la plupart des individus préfèrent un coin de la cage pour faire leurs besoins, ils sont souvent éparpillés lors des séances de creusage dans les copeaux de bois. Si vous décidez d'installer un petit bac à litière dans ce coin, il sera peut-être utilisé comme latrines. Mais attendez-vous à ce qu'il soit peut-être renversé ou utilisé comme endroit pour se reposer.

La propreté sur vous

La gerbille n'a pas tendance à uriner ou à déféquer sur les gens. Elle peut cependant « s'échapper ». Pensez à la remettre périodiquement dans sa cage lorsqu'elle est sur vous. Elle en profitera probablement pour se soulager.

La propreté hors de la cage

Vous retrouverez plusieurs selles et parfois de l'urine à l'endroit où votre gerbille s'est promenée. Heureusement, il est facile de nettoyer le tout.

La gerbille voyageuse

Les balades dans le chandail

Ne privez pas votre gerbille de balades à l'extérieur de sa cage. Bien cachée dans votre manche de chandail, il fait bon explorer la maison !

Les balades en voiture

Que ce soit pour aller à la campagne la fin de semaine, pour rendre visite à tante Mimi ou encore pour aller chez le vétérinaire, il est important de garantir la sécurité de votre gerbille pendant ses déplacements. Il est recommandé de l'installer dans un transporteur sécuritaire. Plusieurs modèles sont vendus dans les animaleries, à vous de choisir. Tapissez le fond avec une serviette éponge, ce sera plus agréable pour la passagère. Laissez à votre gerbille un morceau d'un fruit juteux (pomme, poire). Pendant le transport, elle pourra étancher sa soif en grignotant. Soyez conscient qu'une gerbille a la possibilité de passer par de petits orifices. Assurez-vous que le grillage ou les trous d'aération de la cage de transport sont de la bonne dimension. Rappelez-vous que si la tête passe, le reste du corps peut suivre ! Assurez-vous également que la boîte destinée à transporter votre cher rongeur est faite d'un matériau résistant. Avec ses petites dents coupantes, il lui est facile de perforer le carton et de se sauver dans la voiture.

Par temps chaud, pensez à la climatisation du transporteur. Placez-y une bouteille d'eau froide. Le voyage sera encore plus agréable.

En été, l'automobile peut devenir un piège mortel pour votre gerbille, comme pour tout autre animal. Même si vous avez pris soin de laisser les fenêtres légèrement ouvertes, la température grimpe rapidement. L'animal peut mourir d'hyperthermie.

Le voyage à l'étranger

Il n'est pas recommandé de faire voyager une gerbille en avion. Si vous deviez toutefois emmener la vôtre, informez-vous auprès de l'ambassade ou du service des douanes du pays visité des exigences de leurs autorités : certificat de santé, quarantaine, etc. Renseignez-vous auprès des autorités de votre pays quant aux modalités de retour. Informez-vous auprès de votre compagnie aérienne des conditions de voyage de votre protégée et tentez, si possible, de la garder avec vous. Encore une fois, un transporteur bien équipé est de rigueur. L'usage de sédatifs ou de calmants n'est pas recommandé et pourrait entraîner des conséquences fâcheuses.

Ma gerbille en pension

Si votre gerbille ne peut vous suivre, vous avez deux solutions. Vous pouvez la laisser à la maison et demander à une personne de confiance de lui rendre visite au moins une fois par jour. Remettez à cette personne le numéro de téléphone de votre vétérinaire, elle pourra l'utiliser en cas de besoin. Votre seconde alternative est de placer votre gerbille en pension chez un ami, dans une clinique vétérinaire ou dans une animalerie. Demandez à ce qu'elle ne soit pas placée dans la même pièce que les chiens, les chats ou les furets. Cette situation la stresserait inutilement.

CHAPITRE VII

Reproduction

Un couple de gerbilles peut donner naissance à environ une cinquantaine de petits par année. Une fécondité aussi efficace est nécessaire chez un animal qui ne vit guère longtemps. Afin d'assurer la survie de l'espèce, la gerbille doit atteindre sa maturité sexuelle rapidement, elle doit avoir une période de gestation courte et produire une bonne quantité de petits par portée. Pensez bien à cela si vous désirez faire accoupler votre femelle. Dans un groupe (mâles et femelles mélangés) constitué d'individus âgés entre six et sept semaines, il y a des risques que les femelles soient déjà gestantes. Il est faux de prétendre que les mâles d'une portée ne peuvent pas s'accoupler avec leurs sœurs. Certains atteignent leur maturité sexuelle hâtivement et en profitent. Vous n'aviez probablement pas prévu adopter une dizaine de gerbilles! Acheter un ou des mâles règle le problème; cependant, si vous désirez une ou des femelles, assurez-vous qu'elles proviennent d'un groupe où les mâles ont été séparés des femelles dès l'âge de cinq ou six semaines.

Si l'envie vous prend de faire accoupler votre gerbille, posez-vous d'abord les questions suivantes: Serez-vous en mesure d'héberger tous ces nouveaux venus ou avez-vous déjà trouvé de bons foyers adoptifs pour eux? Certaines boutiques d'animaux acceptent de prendre vos petits mais, en réalité, certains d'entre eux seront vendus pour nourrir des reptiles. Ce n'est certainement pas le destin que vous leur souhaitez. Aurez-vous le temps de nettoyer la cage plus fréquemment? Une dizaine de petites frimousses, c'est très salissant et le besoin d'espace vital décuple.

Conseils

- Choisissez bien les futurs parents. Certains traits de caractère comme l'agressivité et certaines maladies comme l'épilepsie sont héréditaires. Un éleveur responsable prend bien soin de ne sélectionner que les sujets exceptionnels pour la reproduction.
- Évitez à tout prix la consanguinité (accouplement de gerbilles apparentées). Elle affaiblit à coup sûr la génétique des rejetons.
- Seules les gerbilles en excellente santé devraient se reproduire. Ne laissez pas une femelle malade devenir gestante. Le stress de sa nouvelle condition contribuerait à détériorer sa santé et celle de ses petits.

La maturité sexuelle

Les jeunes gerbilles grandissent vite et à l'âge de six ou sept semaines, des individus précoces peuvent déjà se reproduire. Mais, pour la grande majorité, la maturité sexuelle survient entre 10 et 15 semaines.

La détermination des sexes

Vous pouvez déterminer le sexe de votre gerbille assez facilement. Chez l'adulte, les testicules du mâle sont visibles et le scrotum est pigmenté noir. Chez les très jeunes individus, comme les testicules ne sont pas encore descendus dans le scrotum – ils descendront vers l'âge de 30 jours, c'est alors que le sac scrotal deviendra visible –, vous devrez utiliser une autre méthode. Regardez attentivement la distance séparant l'organe génital de l'anus. Elle est environ une fois et demie à deux fois plus grande chez le mâle. Chez la femelle de moins de deux semaines, il est possible de distinguer les mamelles, car la fourrure est très peu dense. Par la suite, elles deviennent beaucoup plus difficiles à voir. La glande abdominale étant sous l'influence des hormones sexuelles androgènes, elle sera environ deux fois plus grosse chez le mâle qui a atteint sa maturité sexuelle.

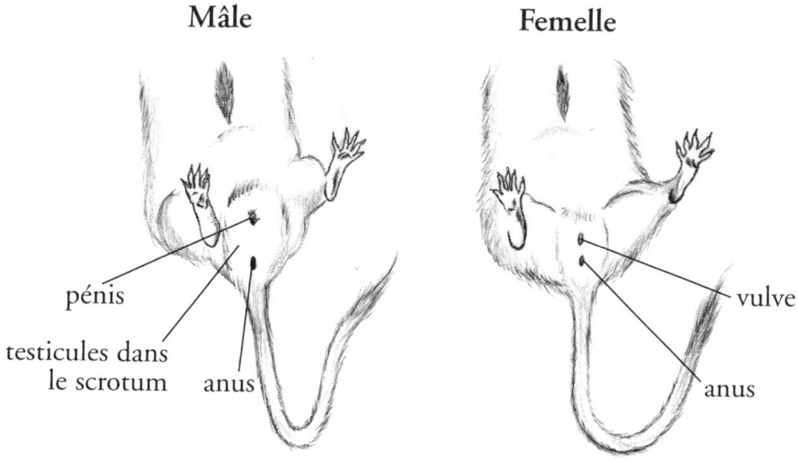

Détermination des sexes

La rencontre

La gerbille femelle est fertile toute l'année et ovule spontanément à tous les quatre ou six jours. Cela signifie que ses chaleurs se succèdent continuellement toute l'année et qu'elle n'a pas besoin de la stimulation du coït pour ovuler. Chez certaines femelles, les chaleurs cessent complètement après l'âge de deux ans. On pourrait comparer cela à la ménopause chez la femme. Le mâle est pour sa part fertile toute sa vie.

La puberté

Une gerbille peut devenir gestante très jeune. En moyenne, ses premières chaleurs se produisent vers 12 à 15 semaines. Il existe cependant des femelles précoces qui peuvent devenir gestantes dès qu'elle atteint 6 ou 7 semaines. Le premier accouplement doit idéalement avoir lieu entre 12 et 16 semaines.

Le rendez-vous galant

Comme les gerbilles mâles et femelles peuvent cohabiter vous n'aurez pas à prévoir le moment précis de la rencontre pour qu'un accouplement ait lieu. De nature très fidèle, les gerbilles ont une forte tendance à être monogames. Elles se jurent fidélité généralement pour la vie. Une femelle qui perd son compagnon, aura souvent de la difficulté à en accepter un autre. Idéalement, les deux membres du couple sont mis ensemble vers l'âge de huit semaines. Ces individus n'ayant pas encore atteint leur maturité sexuelle, ils sont beaucoup plus amicaux envers les étrangers. Cela élimine presque totalement les risques de discorde.

Présenter deux adultes inconnus risque d'être un peu plus ardu, mais ça reste tout de même réalisable. La rencontre idéale devrait avoir lieu dans une cage inconnue des deux individus. Si cela vous est impossible, emmenez la femelle dans la cage du mâle, et non le contraire. Dans un groupe mixte, le couple dominant aura généralement la priorité pour se reproduire. Si l'espace le permet, les autres femelles partiront fonder leur propre famille ailleurs. Dans une petite cage, des tensions et des batailles sont à prévoir.

Le mâle fait la cour en tapant ses pattes arrière au sol de façon rythmée. Il vérifie si la femelle est bien en chaleur en reniflant sa région génitale. Si la femelle est en œstrus, il commence à la pourchasser. Le jeu de la poursuite cesse quand la femelle s'arrête et soulève son arrière-train. C'est elle qui initie la copulation, qui ne dure que quelques secondes et pendant lesquelles les deux gerbilles poussent de petits cris. Une fois l'accouplement terminé, les deux gerbilles se toilettent. Le même manège se poursuit à plusieurs reprises. La copulation a généralement lieu en soirée ou la nuit.

La gestation

La gestation dure de 23 à 26 jours. Le mâle n'est pas séparé de la femelle. Certaines femelles gestantes acceptent d'être manipulées, mais soyez délicat. Une pression trop forte sur son abdomen tendu la fait souffrir et provoque parfois un avortement. À l'approche de sa parturition, elle peut devenir de plus en plus agressive. C'est normal, elle veut simplement protéger son nid.

Le diagnostic de gestation

Il existe plusieurs méthodes pour déterminer si votre femelle est gestante, mais elles ne sont pas toutes faciles à appliquer en raison de la très petite taille de la future mère. En début de gestation, le développement embryonnaire est lent. Vous devrez attendre quelques jours pour remarquer des changements physiques.

- La pesée : pesez votre femelle quotidiennement à l'aide d'une balance précise. Vous remarquerez un gain de poids constant plus marqué à partir de la dixième journée.
- La palpation abdominale : cette méthode ne doit être utilisée que par des gens expérimentés, car une pression trop intense sur l'abdomen peut causer un avortement. Il est difficile d'utiliser cette

méthode chez la gerbille en raison de sa petite taille. Cependant, des doigts expérimentés peuvent palper des fœtus à partir du dernier tiers de la gestation.

- La radiographie : cette méthode est utile lorsqu'il est important de connaître le nombre exact de fœtus et leur positionnement dans l'utérus. On la pratique pendant le dernier tiers de la gestation.
- L'échographie : ce moyen très sophistiqué n'est pas à la portée de tous, mais il peut s'avérer très utile. Il permet de visualiser les fœtus grâce à des ultrasons, sans le moindre danger pour la mère et ses rejetons. La petitesse de l'animal limite grandement l'usage de cette méthode.
- La grosseur de l'abdomen : c'est seulement à partir d'une quinzaine de jours de gestation que l'abdomen est visiblement plus gros. Mais il faut être vigilant, car certaines femelles restent petites.
- L'augmentation du volume des glandes mammaires : quelques jours avant la mise bas, les glandes mammaires se développent et deviennent gonflées et donc plus visibles.

Le nid

La femelle s'affaire à construire un nid quelques jours avant la parturition. Elle privilégie les endroits ombragés, chauds et intimes. Dans la cage, laissez une petite boîte ou une maisonnette qu'elle utilisera à sa guise. Offrez-lui des morceaux de tissu ou de mouchoir en papier dont elle se servira pour rendre le fond de son nid douillet. S'il y a présence d'une épaisseur suffisante de copeaux de bois, elle creusera probablement un tunnel au bout duquel elle aménagera une chambre douillette destinée à recevoir sa progéniture. Ce comportement mime exactement ce qui se passe dans la nature. Les petits sont à l'abri des dangers et émergent du trou quelques semaines plus tard.

Remarques

- Pendant sa gestation, la femelle consomme une plus grande quantité d'eau et de nourriture. La moulée à rongeurs est très importante, car elle contient tous les éléments nutritifs dont elle a besoin. La gestation est également une période durant laquelle les besoins en protéines sont plus importants et peuvent être comblés en offrant de petits morceaux d'œuf cuit dur, de fromage ou de moulée à chats.
- Si une femelle est accouplée pendant sa chaleur post-partum alors qu'elle allaite ses petits, l'implantation des petits embryons dans son utérus sera retardée. La durée de la gestation semblera artificiellement prolongée (43 à 48 jours). En général, on peut calculer deux jours de gestations de plus que la normale pour chacun des petits. Ainsi, plus la portée est grosse, plus la gestation sera longue.

La pseudo-gestation

Si votre femelle s'est accouplée avec un mâle infertile, il est possible qu'elle semble gestante sans pour autant l'être réellement. Ce phénomène est connu sous le nom de pseudo-gestation. Il ne se produit que très rarement. Les signes sont identiques à ceux d'une gestation normale et durent entre 14 et 16 jours. Pendant cette période, l'abdomen grossit et la femelle s'affaire à construire son nid. Une perte de poids survient au cours des deux derniers jours de la pseudo-gestation. Par la suite, tout rentre dans l'ordre et la femelle recommence à avoir ses chaleurs normalement.

La mise bas

Une grosse famille

Les bébés naissent généralement la nuit ou tôt le matin. Une parturition normale dure en moyenne une heure. Si elle dure plus de 2 heures, il y a un problème. Appelez votre vétérinaire. Quatre à sept petits sont attendus (mais il y en a parfois jusqu'à 12!). La plus grosse portée connue aurait été observée en Angleterre en 1983. La femelle aurait eu 14 rejetons.

L'arrivée des bébés

Quelques heures avant le début des naissances, on note parfois un écoulement vaginal teinté de sang. La mère est plus calme, s'étire souvent et semble un peu mal à l'aise. À mesure que les petits naissent, la mère les assiste en tirant sur le sac qui les entoure afin de les aider à sortir. Elle coupe le cordon ombilical et mange le placenta. Elle assèche soigneusement chacun de ses rejetons en les léchant. Elle mange aussi les bébés mort-nés, car leur putréfaction mettrait les autres en danger. Ce comportement a déjà été confondu, à tort, pour du cannibalisme.

La nouvelle mère peut compter sur la présence du mâle pour l'assister et garder les petits au chaud lorsqu'elle s'absente pour se ravitailler. Il n'est donc pas nécessaire de séparer le père de sa petite famille, sauf peut-être pendant les 48 heures suivant la mise bas, afin d'éviter qu'il s'accouple à nouveau au moment de la chaleur post-partum de la femelle.

La nouvelle mère n'apprécie pas que vous tentiez d'inspecter son nid. Il est d'ailleurs recommandé de ne pas la déranger pendant les deux premières semaines. Elle se sent en sécurité dans un grand nid bien fourni. Il est dangereux de garder une femelle et ses petits dans une cage à fond grillagé. Ces derniers pourraient facilement passer au travers des barreaux et mourir.

Le cannibalisme

Le cannibalisme et l'abandon des petits sont des comportements très rarement observés chez les gerbilles. Si certaines femelles tuent leurs petits et les mangent, c'est peut-être qu'elles se sentent menacées, qu'elles sont stressées ou trop manipulées, ou qu'elles manquent d'expérience. Il est donc recommandé d'attendre 10 jours avant de nettoyer la cage.

Pendant cette période, seuls les changements d'eau et de nourriture sont permis.

Situations prédisposant la mère au cannibalisme :

- elle est constamment dérangée ;
- elle est inexpérimentée, ne sachant pas comment prendre soin de sa première portée. On rencontre ce problème plus fréquemment chez les femelles accouplées trop jeunes ;
- elle manque d'eau ou de nourriture ;
- la portée est trop nombreuse ;
- elle manque de lait ou est incommodée par une infection des glandes mammaires.

La chaleur post-partum

Quelques heures après la mise bas, la femelle est de nouveau en chaleur. S'il y a copulation, la femelle sera de nouveau gestante. À ce rythme, elle mettrait bas avant d'avoir terminé d'allaiter sa première portée. Une adaptation physiologique lui permet cependant d'éviter ce désagrément : il s'agit de l'implantation retardée. Les embryons retardent à s'implanter chez la femelle allaitant, ce qui prolonge artificiellement la durée de la gestation et permet à la deuxième portée d'arriver lorsque la première est sevrée. Il n'est toutefois pas conseillé de permettre à une mère d'avoir deux portées aussi rapprochées pour ne pas l'épuiser.

Des nouveau-nés immatures

Les petits sont nidicoles, c'est-à-dire qu'ils naissent totalement dépourvus ; ils n'ont pas de poils, ils sont aveugles (paupières fermées) et ils ont les oreilles fermées. Ils pèsent entre 2,5 et 3 g à la naissance (mais plus la portée est grosse, plus les rejetons sont petits) et sont entièrement dépendants de leurs parents, qui maintiennent leur chaleur corporelle, les nourrissent et stimulent leurs fonctions naturelles. Ne touchez pas aux nouveau-nés avant l'âge de deux semaines. Si la mère subit un trop grand stress, elle peut aller jusqu'à tuer ses petits et les manger. Il est toutefois important d'inspecter visuellement le nid tous les jours. Attendez que les parents n'y soient pas ou attirez-les hors de la cage avec leur nourriture préférée. Les bébés en santé sont calmes, endormis et leur abdomen est bien rond. Les premiers jours, vous pouvez même observer leur estomac blanc, plein de lait, à travers leur mince peau. À mesure que les poils apparaissent, il devient invisible. Il est important d'offrir à la nouvelle famille toute l'intimité et la tranquillité requises. Évitez que les enfants et les autres animaux de la maison ne jouent à proximité de la cage. Lorsque vous verrez les petites gerbilles sortir du nid (vers l'âge de deux semaines) et se promener, vous pourrez commencer à les toucher. Soyez patient!

Remarque

Ne commencez à manipuler les petits qu'à l'âge de deux semaines au moins. Plus vous passerez de temps avec eux, plus ils seront gentils. Pour ne pas stresser la mère inutilement, occupez-la à autre chose pendant que vous jouez avec ses bébés.

Le sevrage

Les jeunes gerbilles peuvent être sevrées dès qu'elles atteignent 21 à 35 jours. Vous pouvez les laisser un peu plus longtemps ensemble, mais prenez soin de séparer les mâles des femelles dès la sixième semaine pour éviter des grossesses surprises.

Les orphelins

Les petites gerbilles privées des bons soins de leur mère sont bien malchanceuses. Les causes de cette infortune sont variées: mère décédée, mère trop vieille et fatiguée, mère malade, mère agressive envers ses rejetons, mère surchargée par un trop grand nombre de rejetons. Dans ce cas, il est bon de la soulager de quelques-uns de ses petits.

Il est possible qu'une autre mère gerbille ayant déjà une portée peu nombreuse puisse adopter quelques petits venant d'une autre famille. Pour ce faire, il faudra procéder avec prudence afin d'éviter les rejets. Les bébés introduits à une nouvelle mère doivent d'abord être enduits d'un peu d'urine de cette dernière et mis dans le nid alors que les deux parents adoptifs sont absents. Assurez-vous qu'aucune agression n'a lieu à leur retour. Si c'est le cas, retirez-les du nid. Il ne vous restera plus que la solution de devenir le parent adoptif de ces petites frimousses. Sachez cependant qu'il est très difficile – mais pas impossible – de les sauver.

Nourrir les orphelins

Aucun produit n'est aussi complet que le lait maternel. Il contient tous les éléments nécessaires à la croissance des petits ainsi que des anticorps les protégeant des maladies. Vous trouverez tout de même en clinique vétérinaire des préparations de lait maternisé adéquates pour les petites gerbilles (KMR ou Esbilac). Si vous n'en trouvez pas, utilisez la recette suivante.

Recette de lait maternisé	
90 ml (2 c. à soupe)	Lait homogénéisé à 3,25 %
5 ml (1 c. à thé)	Lait en poudre pour bébé (SMA, Enfalac, Similac)
3 gouttes	Sirop de maïs
2,5 g (½ c. à thé)	Pablum (céréales mixtes)
3 gouttes	Multivitamines pour rongeurs ou oiseaux

- Ne remplacez pas le sirop de maïs par une autre source de glucides ; cela pourrait donner la diarrhée à vos animaux.

- Gardez cette préparation de lait au réfrigérateur.
- Faites un nouveau mélange tous les jours.
- Faites chauffer le lait maternisé à environ 37 °C (99 °F) avant de le donner aux bébés. N'utilisez pas le four micro-ondes; plongez plutôt le contenant de lait dans un récipient rempli d'eau chaude. De cette façon, il se réchauffera uniformément et vous éliminerez les risques de brûlures. Testez la chaleur du lait en en déposant quelques gouttes sur votre poignet. Il devrait être à la même température que votre peau.
- Utilisez une petite seringue (sans aiguille) ou un compte-gouttes pour faire boire vos petits. La propreté des instruments utilisés pour préparer et donner le lait est primordiale. Lavez le tout à l'eau très chaude, sans utiliser de savon, car les résidus sont potentiellement toxiques. Vous pouvez stériliser le matériel en le faisant tremper quelques minutes dans de l'eau bouillante.

Horaire des tétées

Âge de la gerbille	Recommandations
1 à 7 jours	Nourrir toutes les 2 heures pendant le jour (6 à 8 tétées). Nourrir une fois pendant la nuit.
8 à 15 jours	Nourrir toutes les 5 ou 6 heures pendant le jour (2 ou 3 tétées). Plus besoin de nourrir la nuit.
16 à 21 jours	Donner 1 ou 2 tétées par jour jusqu'au sevrage complet.

Les quantités de lait consommées à chaque repas varient en fonction de l'âge et de l'individu. La première semaine, par exemple, arrêtez la tétée quand vous voyez que l'estomac est plein. À travers la mince peau, vous pouvez voir une tache blanche juste derrière les côtes, à gauche de l'abdomen. Après la première semaine, le bébé se détourne du compte-gouttes quand il est rassasié.

Conseils

- Trop nourrir les petits dérange l'estomac et cause de la diarrhée.
- Nourrissez les petits lentement (minimum 5 minutes par individu). Quand le lait arrive trop rapidement dans la bouche, le bébé ne peut pas tout avaler. Vous verrez alors des bulles de lait sortir par les narines. Si le liquide est aspiré dans les poumons, il y a risque de pneumonie grave.
- Tenez les bébés à la verticale lorsque vous les faites boire. Dans cette position, ils risquent moins de s'étouffer.
- Assurez-vous que vos mains sont bien chaudes avant de manipuler vos petits. Sans poils, ils sont très frileux.

Stimuler les fonctions naturelles des bébés

Chez la petite gerbille de moins de 15 jours, il faut stimuler la miction et la défécation. Elle est incapable de déclencher le processus toute seule. Frottez doucement la région ano-génitale avec un linge ou un coton-tige humide avant et après chaque repas. Habituellement, sa mère s'acquitte de cette tâche en le léchant.

Garder les petits bien au chaud

Avant l'âge de sept jours, les petits sont incapables de maintenir leur chaleur corporelle. Par la suite, ils sont frileux jusqu'à ce qu'ils soient bien couverts de poils. Installez-les donc dans un nid tapissé de tissu doux. Maintenez la température entre 24 et 30 °C (75 et 86 °F) en déposant le nid sur un coussin chauffant. Installez un thermomètre près des petits pour vérifier la température réelle. Une atmosphère trop chaude est aussi néfaste que le froid. Couvrir le nid avec un morceau de coton mince aide à conserver une température stable et n'empêche pas l'air de circuler.

Éviter les escapades

Les petits commencent tôt à vouloir se promener pour explorer. Un nid profond est donc conseillé. Il évite l'éparpillement des jeunes et prévient un éventuel refroidissement du corps.

Les premiers repas solides

Même si les jeunes gerbilles commencent à manger un peu de nourriture solide dès qu'elles atteignent 12 à 15 jours, elles ont encore besoin de lait. Augmentez graduellement la quantité de Pablum dans la recette de lait maternisé. Offrez-leur aussi de la moulée humectée d'eau; elle sera ainsi plus facile à manger. À cet âge, elles ont aussi besoin d'eau fraîche. Même si elles en boivent peu, elle est primordiale. Installez un minuscule bol, dans lequel elles ne pourront pas tomber. Une bouteille munie d'une pipette fait aussi l'affaire, à la condition qu'elle soit facilement accessible. À trois semaines, les petites gerbilles consomment bien la nourriture solide et peuvent être sevrées du lait.

Les bébés gerbilles grandissent très vite

- À quatre ou cinq jours, de petits poils pointent sur le corps.
- À cinq jours, les oreilles ouvrent.
- À sept jours, un fin couvert de poils recouvre les petits.
- Vers 10 jours, les petits commencent à se promener et à explorer la cage.
- Entre 10 et 15 jours, les yeux ouvrent.
- Entre 12 et 14 jours, les incisives apparaissent.
- Vers 15 jours, en plus du lait, elles ont besoin de boire de l'eau. Assurez-vous que la bouteille distributrice d'eau est à leur portée. Elles commencent également à grignoter de la nourriture solide

que les parents leur apportent ou qu'elles découvrent lors de leurs escapades hors du nid. Humectez la moulée, elles pourront la manger plus facilement. Les petits qui ne boivent pas d'eau souffrent de constipation.

- Entre 21 et 35 jours, les petits sont indépendants et peuvent être sevrés. Il est cependant préférable de laisser le groupe ensemble jusqu'à ce que les petits aient 6 ou 7 semaines. Les jeunes seront plus équilibrés. Ils passeront beaucoup de temps à jouer à se pourchasser et à lutter amicalement. Ils réagissent aux bruits étrangers en sursautant. Ce n'est pas là une manifestation de peur mais de surprise.

  La pesée régulière permet de bien suivre la croissance de vos orphelins. Une balance précise est un outil bien utile si vous devez vous occuper de bébés gerbilles. En suivant attentivement leur prise de poids, vous vous assurez de leur bonne santé. En principe, une petite gerbille prend un gramme par jour entre 4 et 7 semaines.

Les problèmes liés à la reproduction

L'infertilité

Il arrive qu'un couple de gerbilles n'arrive pas à produire de rejetons. Les causes sont multiples. En voici quelques-unes.

- La femelle est trop vieille ou trop jeune : une femelle cesse généralement d'avoir des chaleurs à partir de 20 mois environ. Ce phénomène pourrait se comparer à la ménopause chez la femme. En revanche, une très jeune femelle ne peut pas avoir de petits tant qu'elle n'a pas atteint sa maturité sexuelle.
- Obésité du mâle ou de la femelle.
- Incompatibilité de personnalité dans le couple.
- Mauvaise alimentation, manque d'eau.

- Mâle infertile.
- Femelle malade (kystes ovariens).
- Environnement inadéquat : trop chaud, trop humide, très souillé.
- Stress constant – par exemple, une femelle constamment dérangée par d'autres animaux ou par des enfants turbulents.

Pour encourager un couple inactif à se reproduire, il est conseillé de leur offrir beaucoup de matériel pour faire le nid, de mettre plusieurs boîtes et cachettes dans la cage, d'offrir un environnement calme et de s'assurer que les gerbilles sont soumises à 12 heures de luminosité par jour. Les journées très courtes ralentissent leurs ardeurs.

L'infection des glandes mammaires

Lors d'une infection des glandes mammaires, celles-ci sont chaudes et enflées. Un liquide teinté de sang s'en écoule. Cette situation très douloureuse survient le plus souvent lorsque les petits ont environ une semaine. Ce malaise de la femelle la pousse souvent à tuer ses bébés. Consultez rapidement votre vétérinaire afin qu'il prescrive des antibiotiques. Parfois, l'hospitalisation est nécessaire. Sans traitement, le risque de décès est important.

Les kystes ovariens

Ce problème touche environ 20 % des femelles et est plus souvent diagnostiqué chez les plus âgées (18 mois et plus). Ces kystes peuvent atteindre une dimension impressionnante et gonfler l'abdomen. Une diminution significative du nombre de petits par portée est d'abord noté, puis l'infertilité totale s'installe. L'ovariohystérectomie est alors recommandée.

Gerbille agouti et gerbille beige

Gerbilles agouti pie

Gerbille agouti

Gerbille agouti et gerbille beige

Gerbille agouti pie

Tableau récapitulatif de la gestation

Période de gestation : 23 à 26 jours (peut parfois aller jusqu'à 43 à 48 jours chez la femelle qui est fécondée alors qu'elle allaite déjà une portée).

Œstrus : survient à tous les 4 à 6 jours et dure de 12 à 18 heures. Si elle n'est pas fécondée, la femelle aura des œstrus successifs pendant toute l'année.

Œstrus post-partum : il est fertile.

Nombre de petits par portée : de 1 à 12 (moyenne normale : de 4 à 7).

Poids à la naissance : 2,5 à 3,5 g.

Poids au sevrage : 11 à 25 g.

Nombre de portées par an : 7 ou 8 en moyenne.

Durée de la vie reproductive : environ 24 mois chez la femelle.

Saison de reproduction : toute l'année.

Nombre de glandes mammaires : 4 paires (2 abdominales et 2 thoraciques).

Âge au sevrage : 3 à 4 semaines.

Puberté : femelle : 12 à 15 semaines ; mâle : 10 à 12 semaines.

Âge minimum recommandé pour commencer la reproduction : femelle : 12 à 16 semaines ; mâle : 15 semaines.

CHAPITRE VIII

Maladies, convalescence et carnet de santé

La médecine des animaux exotiques ou, selon certains auteurs, des nouveaux animaux de compagnie, est un domaine très spécialisé. Les connaissances médicales se rapportant au chien et au chat ne peuvent pas toutes s'appliquer à la gerbille. Étant donné que votre animal doit recevoir des soins médicaux de qualité lorsqu'il en a besoin, choisissez votre vétérinaire en fonction de son champ d'intérêt et de sa spécialisation.

Il n'est pas toujours facile de soigner de si petits patients. Les moyens sont parfois limités et la littérature médicale leur étant consacrée n'abonde pas. Un vétérinaire intéressé à la médecine des petits rongeurs doit d'ailleurs souvent faire preuve d'ingéniosité. Les interventions diagnostiques couramment disponibles pour les chiens et les chats ne sont pas toutes applicables chez les très petits animaux. Votre vétérinaire ne dispose donc pas toujours de tous les tests nécessaires pour établir un diagnostic précis chez votre gerbille malade. Il peut cependant effectuer quelques examens tels que les radiographies, les analyses de selles ou certains tests sanguins. Lorsque la cause de la maladie ne peut pas être déterminée de façon définitive, le vétérinaire se voit dans l'obligation de traiter selon les symptômes et en posant le diagnostic le plus probable. La prévention des maladies demeure la solution la plus sage pour offrir une longue vie à votre animal. Donnez-lui donc le meilleur environnement possible et une saine alimentation.

Robuste, la gerbille

On pourrait croire que la gerbille est sujette aux maladies, compte tenu de sa petite taille et de son allure fragile. Il n'en est rien ; ce rongeur possède une bonne santé en général même si elle peut être incommodée par des infections, des cancers ou des maladies dégénératives associées à la vieillesse. Vous n'aurez donc pas à rendre fréquemment visite au vétérinaire, si ce n'est pour l'examen physique annuel recommandé. Cette routine permet de dépister tôt les problèmes et d'augmenter les chances de guérison. Lorsque votre gerbille démontre des signes de maladie, n'hésitez pas à consulter rapidement. Tenter de soigner vous-même votre animal ne fera qu'empirer les choses. L'usage de médicaments prescrits pour un autre animal ou pour vous-même comporte un grand risque pour votre gerbille. Les dosages ne sont pas les bons et la possibilité d'intoxication est grande ; par exemple, l'antibiotique streptomycine possède une très faible marge de sécurité chez la gerbille. De faibles doses peuvent rapidement engendrer le décès.

Symptômes suggérant un problème de santé

- Posture anormale : la gerbille souffrante se tient le dos rond, la tête basse et les yeux mi-clos. Elle est léthargique.
- Mauvais aspect du poil : une gerbille en santé passe beaucoup de temps à se toiletter. Il est donc normal que ses poils soient hérissés, en broussaille et ternes lorsqu'elle n'a plus l'énergie de les entretenir adéquatement.
- Perte de poids : quand votre animal maigrit anormalement, vous percevez ses côtes et sa colonne aisément avec vos doigts.
- Faiblesse : la démarche est hésitante, la gerbille trébuche souvent.
- Respiration anormale : l'individu respire rapidement et de façon superficielle, ou bien difficilement et profondément. Ses flancs se creusent à chaque inspiration.
- Irritabilité : la gerbille malade est plus encline à mordre.

L'euthanasie, une solution humanitaire

En médecine vétérinaire, nous possédons le précieux privilège de pouvoir mettre un terme aux souffrances d'un animal. Utilisée à bon escient, l'euthanasie est une pratique noble et motivée par l'amour et le respect que l'on éprouve pour son animal. Banaliser le mauvais état d'une gerbille malade en alléguant que ce genre d'animal ne peut pas réellement souffrir est une grave erreur de jugement. Toute créature, quelle qu'elle soit, expérimente la douleur et l'inconfort, même si elle ne l'exprime pas de façon évidente.

L'euthanasie se pratique en injectant un médicament – un barbiturique – qui a comme fonction première d'endormir l'animal. Une fois le sommeil profond atteint, la respiration et le cœur s'arrêtent. La procédure est donc sans douleur et ne stresse en rien le patient. Discutez de cette solution avec votre vétérinaire si votre gerbille est atteinte d'une maladie incurable et si plus rien ne peut être fait pour alléger ses souffrances.

Les maladies

L'épilepsie

Quoi de plus surprenant et inquiétant que de voir sa gerbille convulser après l'avoir manipulée ? Elle n'est cependant pas en danger. Sa crise ne durera que peu de temps et elle ne gardera aucune séquelle de son aventure. Il n'y a aucun danger pour sa vie. Les crises épileptiformes sont bien connues et ont souvent été décrites chez les gerbilles. On estime qu'environ 20 % d'entre elles expérimenteront une forme plus ou moins sévère du problème dans leur vie. Il existe aussi des lignées de gerbilles résistantes aux crises épileptiformes, alors que les chercheurs peuvent recréer en laboratoire des lignées dont près de 100 % des individus sont atteints. Il y a donc une influence génétique au problème et il est déconseillé de faire se reproduire tout individu ayant eu des crises. La gerbille représente un excellent modèle pour étudier l'épilepsie chez les humains et les autres animaux.

Les premières manifestations de l'épilepsie surviennent alors que la gerbille est encore toute jeune, soit de 5 à 8 semaines. Les crises atteignent généralement leur apogée vers l'âge de 6 mois pour ensuite diminuer en fréquence et sévérité avec le temps. Le problème disparaît souvent chez les animaux un peu plus âgés.

Ce qui déclenche l'épilepsie

Les crises surviennent chez les individus soumis à un stress soudain : contention brusque ou effectuée par un étranger, bruit inquiétant et inhabituel, introduction dans un environnement inconnu (une nouvelle cage, par exemple), présentation à des animaux inconnus (autre gerbille, chien, chat, etc.), visite chez le vétérinaire. L'expérience démontre que chez l'animal susceptible, par sa génétique, d'être incommodé par des crises épileptiformes, les risques de développer la maladie diminuaient significativement lorsqu'ils étaient manipulés fréquemment et avec délicatesse en bas âge.

Une théorie stipule que cette tendance reconnue aux gerbilles de faire de telles crises serait en réalité une sorte de moyen de défense naturel contre ses prédateurs. Devant ce comportement non conventionnel, le prédateur aurait peut-être quelques secondes de stupéfaction qui permettraient à la gerbille traquée de se sauver. Mais bien que l'idée soit bonne, rien n'est encore prouvé scientifiquement.

Caractéristiques de la crise

Selon les individus et la situation, une crise peut se manifester de deux façons.

Il peut s'agir d'un état hypnotique accompagné d'un moment d'égarement. La gerbille devient immobile et son regard est fixe. Elle se tient basse sur ses pattes. Son tonus musculaire s'affaiblit et elle semble perdre conscience. Elle peut même reposer sur le côté, comme si elle était morte. Cet état dure en moyenne de une à deux minutes, parfois un peu plus.

Il peut aussi s'agir de convulsions plus ou moins sévères – parfois appelées le grand mal. Dans ce cas, l'animal est atteint de tremblements musculaires plus ou moins violents. Le corps devient rigide (spasme généralisé) et les pattes arrière sont ensuite animées de mouvements saccadés. Des spasmes dans la région de la bouche sont parfois observés. Cette phase de contractions musculaires involontaires peut durer de 15 secondes à 1 minute, rarement plus. Une fois la crise passée, la gerbille devient toute molle et prend quelques minutes pour récupérer.

N'insistez pas pour garder l'animal sur vous lorsqu'une crise se déclenche. Il est préférable de le déposer seul, dans un endroit calme, sécuritaire (installez une serviette dans sa cage) et dans la pénombre. Surveillez discrètement l'évolution de la crise.

L'infection respiratoire

Une gerbille qui éternue fréquemment et qui a le tour du nez et des yeux souillés par des sécrétions purulentes souffre d'une infection respiratoire. Si la gerbille n'est pas traitée adéquatement et rapidement, sa respiration deviendra bruyante et laborieuse. À ce stade, il est beaucoup plus difficile de la guérir. Chez certains patients, on note un amaigrissement et une dégradation progressive de la condition générale. La gerbille est léthargique, elle se tient le dos arqué et son pelage a un mauvais aspect.

Les infections respiratoires sont plus fréquentes chez les animaux dont l'immunité est inadéquate ou qui vivent dans un environnement malsain. Plusieurs bactéries peuvent causer une telle infection. L'une d'elles, le streptocoque bêta hémolytique qui est responsable d'infections de gorge et respiratoires chez les humains, est parfois transmise à la gerbille par une personne grippée. Évitez donc de manipuler votre petit rongeur lorsque vous êtes incommodé par des symptômes grippaux. Une gerbille malade est contagieuse pour les autres gerbilles. Il faut donc isoler rapidement l'individu atteint.

Les facteurs qui affaiblissent le système immunitaire :

- le stress ;
- la surpopulation ;
- la vieillesse.

Les facteurs qui irritent le système respiratoire :

- la présence de vapeurs d'ammoniac dans une cage où s'accumulent de grandes quantités d'urine ;
- l'utilisation de copeaux de cèdre comme litière – leur odeur forte est irritante pour le système respiratoire ;
- les copeaux de bois très poussiéreux – les minuscules particules pénètrent aisément dans les voies respiratoires ;
- une mauvaise ventilation dans la cage.

Quelques conseils pour aider le patient en crise aiguë :

- Gardez-le dans un endroit tempéré mais non surchauffé ;
- Enlevez les copeaux de bois du fond de la cage et remplacez-les par une serviette ou du papier essuie-tout. La poussière est néfaste pour les poumons irrités du malade ;
- Maintenez un bon taux d'humidité dans la pièce ;
- Administrez les antibiotiques prescrits par votre vétérinaire ;
- Assurez-vous que votre gerbille s'alimente bien. N'hésitez pas à lui offrir ses gâteries favorites ;
- Aucun bain de sable n'est permis pendant la convalescence. Les petites particules collent aux sécrétions et deviennent très irritantes pour la peau. De plus, le malade contamine facilement le sable avec des bactéries.

Remarque

La bactérie *Bordetella bronchiseptica,* qui cause la toux de chenil chez les chiens, est transmissible aux gerbilles. Ne gardez pas votre animal à proximité d'un chien malade.

Les larmes rouges (chromodacryorhée)

Des larmes rouges s'écoulent parfois des yeux de la gerbille. Ces larmes sont souvent confondues à tort avec du sang. La teinte rouge provient de sécrétions provenant de la glande de Harder située juste derrière chaque globe oculaire (voir le chapitre II). L'accumulation de ces larmes autour des yeux est souvent associée à un stress. Elles ne causent pas de problèmes et ne restent pas très longtemps, car la gerbille les nettoie rapidement avec ses pattes avant. Si les sécrétions s'accumulent indûment, elles peuvent occasionner une irritation cutanée suivie d'une infection bactérienne secondaire appelée dermatite faciale. Cette condition nécessite l'attention d'un vétérinaire.

La dermatite faciale

Les sécrétions normales de la glande de Harder sont réparties sur le pelage de la gerbille lors de ses séances quotidiennes de toilettage. Ces sécrétions lipidiques mises en contact avec la peau et la fourrure représentent un mécanisme naturel pour améliorer l'isolation de l'animal contre le froid (voir le chapitre II). Une gerbille privée de bain de sable et vivant dans un environnement chaud et humide (plus de 50 % d'humidité) est plus à risque de voir s'accumuler autour de ses yeux et de son nez ces sécrétions qui deviennent très irritantes pour la peau. Au début, un simple érythème est visible. Par la suite, la peau s'infecte (souvent avec la bactérie *Staphylococcus*) et devient ulcérée, croûteuse et humide (dermatite humide). Laissées sans traitement, les lésions s'étendent et atteignent les pattes avant, puis le thorax et l'abdomen. L'infection généralisée occasionne beaucoup de douleur à la gerbille, qui cesse de s'alimenter et finit par mourir. Il est primordial de détecter le problème tôt et de le traiter rapidement.

Les soins recommandés

- Garder la gerbille dans un environnement sec et tempéré.
- Offrir à l'animal un bain de sable tous les jours.
- Nettoyer les régions affectées avec un antiseptique doux non huileux comme la chlorhexidine, par exemple.
- Administrer les antibiotiques prescrits par votre vétérinaire.

Remarques

- Toute situation entraînant un hyperfonctionnement de la glande de Harder et, par conséquent, une accumulation exagérée de sécrétion au niveau de la face peut déclencher ou empirer la dermatite humide décrite plus haut : stress, surpopulation, vapeurs irritantes émanant d'une cage très sale, allergie aux copeaux de bois de cèdre.

- Les comportements de grattage excessif et de mordillement compulsif des barreaux de la cage contribuent à entretenir une irritation permanente; la guérison se fait donc plus difficilement. Offrez plusieurs jouets à votre gerbille afin de la divertir.

La conjonctivite

Une gerbille qui a les paupières rouges et les poils autour des yeux collés par des sécrétions souffre probablement de conjonctivite. Ces écoulements oculaires peuvent être abondants et très épais, et ils scellent les paupières ensemble. Incapable de voir, l'animal devient plus nerveux et agressif. Si les paupières ne sont pas décollées rapidement, le pus s'accumule entre la paupière et le globe oculaire, créant ainsi des dommages à la cornée. Consultez votre vétérinaire pour obtenir un médicament efficace. Il n'est pas recommandé d'appliquer dans les yeux de la gerbille des antibiotiques sous forme de crème. En faisant sa toilette, elle étendrait le produit graisseux sur tout son pelage et risquerait d'en avaler. De plus, l'application d'une crème sur une sécrétion déjà épaisse et visqueuse n'aide pas à résoudre le problème. En attendant de vous rendre chez le vétérinaire, nettoyez délicatement le pourtour des yeux avec un chiffon doux imbibé d'eau bouillie. En humidifiant les sécrétions séchées, les paupières s'ouvriront peut-être.

Parfois, la conjonctivite n'est que la conséquence d'une allergie (litière composée de copeaux de cèdre, poussière, fumée de cigarette, parfum, etc.). Dans ce cas, les paupières sont rouges mais sans sécrétions purulentes. Parfois, elle annonce une maladie plus sérieuse, une infection bactérienne. On observe alors des sécrétions.

Les allergies

Certaines gerbilles sont incommodées par des allergies. Les symptômes généraux de l'allergie sont:

- des éternuements;
- un écoulement nasal séreux;

- une enflure des pieds ;
- des démangeaisons cutanées ;
- des rougeurs autour des yeux et des oreilles.

Les causes sont multiples et il n'existe aucun test pour identifier la source de l'allergie. Vous devrez procéder par élimination et par déduction en retirant un à un les produits susceptibles d'en être responsables.

Exemples de facteurs allergènes :
- des copeaux de bois en cèdre ;
- du parfum ;
- de la fumée de cigarette ;
- l'utilisation d'aérosol ;
- certains aliments (arachides, graines de tournesol, graines recouvertes de colorant).

Les tumeurs des glandes mammaires

Si vous remarquez une petite bosse sous votre gerbille, il est fort probable que ce soit une tumeur des glandes mammaires. Heureusement, ce type de cancer n'est pas très fréquent. Ces tumeurs grossissent plus ou moins rapidement. La grande majorité de ces masses sont des adénocarcinomes – des tumeurs malignes. On excise parfois ces tumeurs, mais l'intervention ne prévient pas les récidives aux autres glandes ou au même endroit. Les tumeurs malignes sont envahissantes, localement, et difficiles à enlever complètement. Il est par ailleurs possible que des métastases aient déjà atteint des organes vitaux. L'excision de tumeurs mammaires est une chirurgie bien tolérée par la gerbille, surtout si la masse n'est pas trop grosse. Chaque cas doit être évalué séparément. Certains individus sont de bons candidats pour la chirurgie, d'autres pas. Votre vétérinaire demeure la meilleure personne pour vous informer adéquatement. Il pourra considérer avec vous différents facteurs : l'âge de la gerbille, sa santé générale, les risques de récidive, etc. Dans la plupart des cas, la chirurgie est une mesure palliative qui vise à redonner pour quelque temps une qualité de vie meilleure. Si vous ne désirez pas faire enlever la masse mammaire de votre gerbille, dites-vous qu'elle ne souffre pas, tant et aussi longtemps que la masse reste petite et que la peau qui la recouvre demeure intacte. L'euthanasie est une solution respectueuse et indolore pour les individus gravement atteints.

La pododermatite

Les coussinets plantaires de la gerbille sont délicats et elle peut facilement les endommager sur un fond de cage grillagé. Cela débute par une simple rougeur, puis des ulcères apparaissent. Ces ulcères s'infectent et sont alors très douloureux. Pour traiter la pododermatite, il est impératif d'offrir à l'animal, en plus des antibiotiques, un environnement douillet sans grillage. On remarque de telles lésions plus fréquemment chez les gerbilles obèses, à cause d'un surplus de poids sur les pieds, et chez celles qui sont gardées dans une cage souillée d'urine, celle-ci étant irritante pour la peau sensible des coussinets plantaires.

La queue dénudée de son revêtement cutané

À la suite d'une mauvaise contention, comme tenir la gerbille par le bout de sa queue, il arrive que la peau recouvrant l'appendice caudal se déchire et glisse. La queue se trouve alors dénudée ; ses muscles, ses vaisseaux sanguins et ses vertèbres sont exposés à l'air. Cette blessure est douloureuse et nécessite l'intervention rapide du vétérinaire. L'amputation est la seule solution, car la gerbille aura tôt fait de grignoter l'extrémité mise à nue et d'empirer la situation. Cette automutilation provoque des saignements importants.

La malocclusion

Les incisives de la gerbille poussent continuellement pendant toute sa vie. Les dents normales sont jaune foncé et bien alignées. Elles s'usent régulièrement les unes sur les autres quand elle mange ou qu'elle ronge.

Tout défaut dans leur alignement mène invariablement à un allongement excessif. Des facteurs héréditaires sont souvent la cause d'un mauvais positionnement des incisives. Ne faites donc pas reproduire les individus atteints de malocclusion. Il est cependant beaucoup plus fréquent que le problème soit la conséquence directe d'un trauma – une dent cassée lors d'une chute, une dent restée accidentellement coincée dans un jouet ou dans les barreaux de la cage, etc. Notez qu'un abcès dentaire peut aussi déplacer les dents. Une gerbille souffrant de malocclusion ne parviendra pas à user adéquatement ses dents, même si elle ronge. Elle aura besoin de soins réguliers. La taille des incisives se fait à l'aide d'une petite pince et est totalement indolore. Aucune anesthésie n'est nécessaire, sauf quand une dent excessivement longue a transpercé le palais ou a blessé gravement l'intérieur de la bouche. Dans ce cas, l'administration d'antibiotiques est nécessaire.

Malocclusion des incisives

Les signes annonçant la malocclusion :

- refus de manger ou difficulté à se nourrir ;
- perte de poids ;
- poil en mauvais état – la gerbille ne peut plus sortir facilement sa langue pour faire sa toilette ;
- mauvaise haleine ;
- écoulement de salive de chaque côté de la bouche et sous le menton ;
- écoulement nasal – il est à noter que ce symptôme n'est pas

exclusif à ce problème et peut être associé à une infection respiratoire;

- pointes d'incisives sortant de la bouche.

Remarques

- Les molaires de la gerbille ne sont pas à croissance continue. Elles ne risquent donc pas de causer ces problèmes.
- Une gerbille souffrant de malnutrition (manque de calcium) aura les dents plus fragiles et elles se casseront facilement. Alimentez bien votre animal afin d'éviter les problèmes de santé secondaires (voir chapitre V).

L'obésité

Nous le savons tous, un surplus de poids est néfaste pour la santé de tout être. La gerbille ne fait pas exception à la règle. L'individu qui maintient un poids santé voit son espérance de vie augmenter. En revanche, le cœur du sujet obèse se fatigue beaucoup plus vite; l'animal est plus souvent incommodé par des problèmes de santé et est prédisposé à la pododermatite, cette ulcération du dessous des pattes qui supportent un poids trop élevé.

Il est parfois nécessaire de mettre une gerbille au régime. Commencez d'abord par supprimer le superflu: les gâteries. Encouragez votre animal à bouger en vous amusant avec lui. Le but visé est de lui faire perdre du poids graduellement sans l'affamer. Demandez conseil à votre vétérinaire avant de mettre votre gerbille trop grasse au régime.

Une gerbille a tendance à devenir obèse si sa cage est trop petite et si elle n'est pas équipée d'une roue d'exercice.

La diarrhée

Les causes de diarrhée sont très variées et complexes. Consultez rapidement votre vétérinaire si votre gerbille est atteinte de diarrhée, car sa condition pourrait se dégrader rapidement. En raison de son métabolisme ultrarapide, votre animal peut perdre du poids très vite s'il cesse de s'alimenter. Il peut aussi se déshydrater s'il perd beaucoup de liquide dans ses selles diarrhéiques.

Les causes fréquentes de diarrhée

- Un changement alimentaire: il est possible que des individus soient intolérants à divers types d'aliments. Vous remarquerez peut-être qu'après l'introduction d'un nouvel aliment, votre gerbille fait des selles molles et pâteuses. Si elle demeure alerte et en forme, supprimez ce nouvel aliment et administrez-lui de 2 à 3 gouttes de kaopectate, trois fois par jour. Ne lui offrez que de la moulée pour rongeurs, en supprimant tout autre aliment. Si la consistance des selles s'améliore, il n'y a rien de grave. Si le malaise dure plus de 24 heures ou si les selles deviennent liquides, consultez votre vétérinaire.
- La présence d'algues dans la bouteille d'eau: il se forme souvent une couche d'algues vertes à l'intérieur de la bouteille d'eau ou de la pipette. Ces algues sont néfastes pour la gerbille. Nettoyez rigoureusement cet accessoire. Un coton-tige peut servir à atteindre les endroits difficiles d'accès comme l'intérieur de la pipette.
- Les parasites intestinaux – principalement les vers plats, les vers ronds et les protozoaires.
- Les infections bactériennes ou virales de l'intestin.

Remarques

- La diarrhée peut être causée par les bactéries *Salmonela sp* (salmonellose), *Echerichia coli* (colibacillose) ou *Bacillus piliformis* (maladie de Tyzzer) ainsi que par le ver plat *Hymenolepis nana.* Ces micro-organismes peuvent être transmis aux humains (zoonose) et causer des problèmes de santé sérieux. Ne prenez pas de risques, nettoyez-vous bien les mains après avoir manipulé une gerbille atteinte de diarrhée.

- Le prolapsus de l'anus est parfois une conséquence de la diarrhée. Il s'agit d'une petite boule de chair rose foncé qui sort de l'orifice anal. La situation est critique, car ce tissu délicat peut être endommagé s'il s'assèche ou si la gerbille le mord. Rendez-vous rapidement chez votre vétérinaire. Comme premiers soins, assurez-vous de garder humide la masse de chair en y appliquant un lubrifiant non gras comme du K-Y. Empêchez votre animal d'y toucher. On peut parfois remettre le tout à l'intérieur, mais il arrive que l'euthanasie soit la meilleure solution.

La maladie de Tyzzer

Cette maladie sérieuse et hautement contagieuse entre gerbilles cause principalement de la diarrhée chez les jeunes au sevrage et chez les femelles qui allaitent. Parfois, l'animal atteint n'aura comme symptôme qu'une paralysie progressive. Au moindre signe de la maladie, isolez le sujet et consultez le vétérinaire. Même lorsque des soins intensifs sont prodigués, le taux de mortalité demeure élevé. L'euthanasie est donc parfois la solution la plus humanitaire. Une désinfection rigoureuse des lieux fréquentés par la gerbille malade est obligatoire dans le but de prévenir une épidémie ou, pire, la contamination d'un humain.

Les parasites intestinaux

La gerbille héberge à l'occasion des parasites intestinaux. Il est donc prudent de faire analyser ses selles parce que certains vers plats (*Hymenolepis nana*) sont transmissibles aux humains, et parce que la présence de parasites chez la gerbille entraîne souvent une dégradation de sa santé.

L'analyse microscopique d'un échantillon de selles permet d'identifier avec précision le type de parasites présents et de prescrire le bon médicament.

Le prélèvement de l'échantillon

- Ramassez une dizaine de selles en utilisant des gants de plastique, un mouchoir en papier, un sac de plastique ou tout autre objet vous permettant de ne pas toucher directement les selles avec vos mains.
- Enveloppez soigneusement l'échantillon dans plusieurs épaisseurs de sacs de plastique ou dans un contenant hermétique.
- Apportez-le rapidement chez votre vétérinaire. Si cela vous est impossible, rangez-le au frais jusqu'à ce que vous puissiez vous y rendre.
- Jetez tout échantillon vieux de plus de 24 heures. Les selles doivent être fraîches pour que le résultat de l'analyse soit fiable.

La constipation

Elle est souvent le résultat de l'ingestion de particules non digestibles – des rafles de maïs, des fibres de tissu ou un autre corps étranger. Si la constipation est mineure, tout rentre dans l'ordre en administrant une pâte contre les boules de poils destinée aux chats. Si l'obstruction est complète, l'euthanasie est conseillée.

Les abcès

À la suite d'une bataille entre deux gerbilles, une bosse peut apparaître sous la peau de l'une d'elles quelques jours plus tard. Il s'agit très probablement d'un abcès. L'abcès peut être une bosse dure ou molle, avec ou sans écoulement de liquide. Il se forme lorsqu'une blessure s'infecte et se remplit de pus. Les abcès nécessitent un traitement drastique – chirurgie et antibiotiques. Un abcès non traité laisse échapper des bactéries qui peuvent contaminer tout l'animal et causer des infections parfois fatales.

Les problèmes de la glande abdominale

Sur l'abdomen de la gerbille se trouve une zone ovale sans poils et de couleur plus foncée que la peau normale. Il s'agit d'une petite glande servant à marquer le territoire. Elle est parfois prise à tort pour une structure pathologique. La glande normale n'est ni douloureuse ni mouillée et ne grossit pas. Dans le cas contraire, consultez votre vétérinaire. Ces glandes peuvent s'infecter ou devenir tumorales.

Une tumeur agressive

Une glande cancéreuse prend d'abord l'apparence d'une petite masse. Elle grossit plus ou moins rapidement et finit par s'ulcérer. Une glande ulcérée s'infecte facilement. Une automutilation de la région tumorale survient lorsque la gerbille ressent trop d'inconfort. La presque totalité de ces tumeurs sont malignes (carcinomes) et envoient facilement des métastases dans les organes vitaux. Un espoir subsiste cependant pour les individus dont le cancer est dépisté très tôt. Une excision chirurgicale radicale et précoce freine parfois le cours de la maladie. Ce type de cancer se rencontre surtout chez les gerbilles âgées.

Les fractures

On classe les fractures en deux catégories : les fractures fermées et les fractures ouvertes – lorsque l'os transperce la peau. Grâce à une radiographie, le vétérinaire recommande le type d'immobilisation nécessaire. Étant donné la petitesse des membres de la gerbille, on comprendra que les techniques orthopédiques utilisées chez de plus gros animaux sont difficilement applicables. Le ruban adhésif à bandage remplace le plâtre, qui serait assurément trop lourd. Immobiliser une fracture chez une gerbille est parfois un véritable exercice d'adresse et d'ingéniosité pour le vétérinaire. Malgré tous ses efforts, les petites dents tranchantes du patient peuvent anéantir tout son travail. La plupart du temps le taux de guérison est excellent. La gerbille se rétablit généralement après 7 à 10 jours.

Des complications sont possibles : une infection (en cas de fracture ouverte), une déviation de la patte (si l'os se ressoude de travers), une non-union (la guérison ne s'effectue pas, malgré le bandage ou la chirurgie), de l'arthrite et de l'ankylose (dans les articulations situées près de la fracture). La patte est parfois si sévèrement brisée, que la seule solution reste l'amputation. La gerbille tolère très bien cette intervention. Elle reprendra ses activités presque normalement après sa convalescence.

Les soins à apporter

En cas de fracture fermée, gardez votre gerbille au repos dans sa cage en attendant de vous rendre chez le vétérinaire. Ne tentez pas d'immobiliser le membre malade avec une attelle, car vous pourriez aggraver une situation déjà délicate. En revanche, en cas de fracture ouverte, recouvrez la plaie avec un bandage stérile pour éviter tout risque de contamination. Consultez immédiatement votre vétérinaire.

La convalescence doit se dérouler dans un endroit calme et l'activité doit être réduite au minimum. Enlevez de la cage tous les jouets qui pourraient l'inciter à faire des cascades – échelles, cordages, roue d'exercice, etc.

Remarques

- Une gerbille qui s'alimente mal (alimentation composée principalement de graines de tournesol) est plus à risque de souffrir de fractures. Ces graines sont pauvres en calcium et riches en phosphore, un minéral qui entrave l'absorption du calcium. La carence en calcium contribue à fragiliser les os. Les fractures se rencontrent surtout aux longues pattes arrière.
- La fracture de la colonne vertébrale est rare, mais beaucoup plus grave. Elle provoque la paralysie partielle ou totale des membres postérieurs, de la vessie et de l'intestin. L'euthanasie demeure la meilleure solution pour la grande majorité de ces gerbilles.

L'alopécie (dépilation)

La perte de poils chez la gerbille est toujours anormale et peut avoir plusieurs causes.

- Le parasite appelé démodex : en vieillissant, le système immunitaire de votre animal s'affaiblit, permettant parfois à quelques parasites déjà logés dans les follicules pileux de se multiplier. En grand nombre, ils provoquent de petites ampoules cutanées principalement sur les pattes arrière, les pieds et les oreilles. En éclatant, ces ampoules laissent place à une zone dégarnie de ses poils qui deviendra sèche, irritée et couverte de pellicules. Ce parasite provoque de la démangeaison et dérange votre animal. Le traitement est parfois difficile.
- L'usure sur les barreaux de la cage : il arrive que des gerbilles passent sans cesse leur museau sur les barreaux de leur cage en les grugeant. Ce mouvement répétitif et incessant use les poils sur le nez, laissant la peau à nue. Essayez de supprimer cette mauvaise habitude en lui offrant plus de jouets et en passant plus de temps avec elle.
- La teigne : ce champignon cause la chute des poils et est contagieux. Soignez la gerbille atteinte en suivant les recommandations de votre vétérinaire.
- Une mutation génétique : par des croisements contrôlés, il est possible d'obtenir des gerbilles complètement nues. Cette caractéristique n'est pas dangereuse pour l'animal, il est tout simplement plus frileux !
- L'expression de la dominance : dans un groupe de gerbilles, il s'établit toujours une hiérarchie. Les individus subordonnés se font parfois couper les poils du dessus de la queue et de la base du dos par le ou les dominants. La peau demeure intacte et semble fraîchement rasée. Ce comportement est bien connu sous le terme anglais de *barbering*. La ou les gerbilles dominantes ont un pelage intact. La gerbille rasée est consentante et n'éprouve aucune douleur lors de l'opération. Le barbering n'est pas dangereux et cause simplement un désagrément d'ordre esthétique. Afin de régler le problème, offrez à vos gerbilles une cage plus grande (une petite cage surpeuplée représente la situation idéale pour déclencher le

comportement), plusieurs cachettes et beaucoup de jouets. Si cela ne fonctionne pas et que la gerbille dominante terrorise ou blesse les membres de son groupe, il faudra la retirer.

Remarque

Il est possible qu'une gerbille stressée ou qui s'ennuie (gerbille unique) coupe elle-même les poils dans la région de sa queue. Le problème se résorbe lorsque la cause de départ est réglée.

La teigne

Causée par des champignons microscopiques ayant une prédilection pour les poils, les griffes, les plumes, les écailles ou la couche superficielle de la peau, la teigne est transmissible à tous les animaux à fourrure, aux humains et même aux oiseaux et aux reptiles. Toute région sans poils doit être examinée par votre vétérinaire. Il établit le diagnostic définitif en effectuant un prélèvement sur la lésion douteuse. L'analyse en laboratoire permet d'identifier le champignon.

La teigne prend souvent l'apparence d'une ou de plusieurs petites zones sans poils. On peut trouver ces lésions cutanées un peu partout sur le corps de la gerbille. La peau ainsi exposée est soit normale, soit plus foncée ou croûtée avec des rougeurs. La gerbille affectée souffre parfois de démangeaisons. Si on ne la soigne pas, les lésions s'agrandissent et il en apparaît de nouvelles.

Le traitement de la teigne dure de 4 à 6 semaines et nécessite une bonne discipline. Les médicaments ne fonctionnent bien que si on respecte les doses prescrites. Pour les cas mineurs, un traitement local est suffisant. La teigne généralisée (plusieurs zones sans poils) nécessite un traitement plus radical : rasage de l'animal, administration de médication orale et application d'un traitement cutané. Certaines gerbilles peuvent être porteuses de la teigne sans avoir de symptômes apparents. Les signes de la maladie – les zones sans poils – apparaissent lorsque le système immunitaire est affaibli par un stress ou une autre maladie. La teigne se transmet le plus souvent par contact direct avec une lésion cutanée contagieuse. Des spores de champignons peuvent aussi contaminer l'environnement immédiat de l'animal (cage, jouets, accessoires, etc.) qui devient alors un réservoir infectieux. Désinfectez tout soigneusement avec de l'eau de Javel (1 partie d'eau de Javel pour 9 parties d'eau). Rincez à fond. Les résidus sont très irritants et dangereux pour la gerbille.

Remarques

- La teigne est une zoonose, c'est-à-dire qu'elle est transmissible à l'humain. Lavez-vous bien les mains après avoir manipulé un animal contagieux. Utilisez un savon à base de chlorhexidine comme Hibitane, un produit facile à trouver en pharmacie.
- La teigne est rare chez la gerbille.
- Les champignons de la teigne vivent mieux dans un environnement humide. L'état de santé d'une gerbille atteinte peut empirer si elle réside dans une cage où le taux d'humidité est élevé.
- Le bain de sable devient rapidement contaminé lorsqu'une gerbille ayant la teigne s'y roule. Jetez ce sable et évitez les bains jusqu'à ce que votre animal soit complètement guéri.

Les puces

La gerbille est très rarement parasitée par des puces. Si vous en trouvez sur votre petit rongeur, il risque d'avoir été contaminé par un autre animal de la maison, comme le chat qui vagabonde à l'extérieur. Nul besoin de contact direct entre les deux animaux pour que les puces se transmettent de l'un à l'autre. La puce est dotée de puissantes pattes arrière qui lui permettent d'effectuer des sauts d'une hauteur impressionnante. Pas étonnant que votre demeure devienne rapidement infestée et que tous les animaux – même ceux en cage – reçoivent la visite de ce petit parasite effronté.

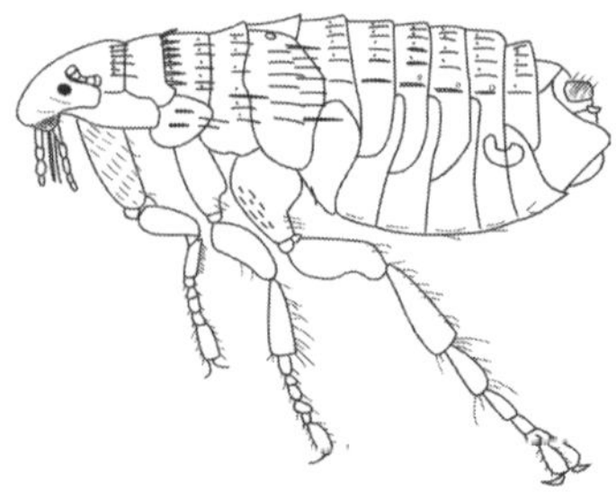

Puce

Les puces dérangent énormément les animaux qu'elles parasitent. Elles piquent pour se nourrir de sang et occasionnent d'importantes démangeaisons.

Pour détecter la présence de puces chez votre gerbille, procédez de la façon suivante: tenez-la au-dessus d'un tissu blanc ou d'un essuie-tout. Frottez son dos avec votre index en prenant soin de bien soulever les poils. Cette manœuvre s'effectue en une quinzaine de secondes. Observez maintenant le tissu blanc à la recherche de petits grains noirs. S'il y en a, déposez une goutte d'eau dessus. S'ils deviennent rouges, ce sont des excréments de puces. S'ils demeurent noirs, ce n'était que du sable ou des saletés.

Vous pouvez faire ce test sur n'importe quel animal. Si vous détectez la présence de puces sur un seul d'entre eux, vous devrez les traiter tous. Demandez conseil à votre vétérinaire, car la plupart des produits contre les puces peuvent être toxiques pour la gerbille. Les produits à base de pyréthrine sont généralement sécuritaires, à condition que leur concentration soit adéquate et qu'ils soient appliqués avec modération. Les produits pour chatons sont généralement conseillés.

Remarque

Lorsqu'il y a des puces dans la maison, elles attaquent de préférence les animaux, mais il n'est pas impossible qu'elles piquent aussi les humains. La peau de certaines personnes est plus sensible et les lésions – de petits points rouges – se situent généralement au bas des jambes.

Traitez toutes les pièces de votre maison avec un produit reconnu et laissez bien sécher avant de permettre à vos animaux de réintégrer leur domaine.

La rage

Comme tout animal à sang chaud, la gerbille peut être infectée par le virus de la rage. Pour cela, elle doit être mordue par un animal enragé, car la rage se transmet principalement par la salive contagieuse. Les rongeurs ne représentent toutefois pas un réservoir important de la maladie. Étant donné qu'il n'existe pas de vaccin pour les gerbilles, il est recommandé de ne pas mettre votre protégée en présence d'animaux inconnus. Vous devriez consulter un médecin si elle vous mord. Il pourra juger s'il y a risque d'infection bactérienne. Vous ne pouvez être contaminé par le virus de la rage que si votre gerbille a elle-même été mordue par un animal étranger, lui-même contaminé.

Le diabète

Cette maladie débilitante se rencontre surtout chez les gerbilles obèses. Les premiers symptômes observés sont une soif intense et une production abondante d'urine. L'animal perd du poids malgré un appétit vorace. Il est sans énergie et apathique. Consultez votre vétérinaire pour soigner votre gerbille et stabiliser son état de santé. L'administration d'insuline est possible chez cette espèce.

Remarque

Chez la gerbille âgée, une soif intense et une production abondante d'urine accompagnées d'une perte de poids significative peuvent aussi être le signe que les reins sont malades et ne fonctionnent plus adéquatement. On nomme cette maladie une néphrite interstitielle chronique. La condition est incurable et peut être différenciée du diabète par de simples tests d'urine et de sang.

Les cataractes

La cataracte est l'opacité totale ou partielle du cristallin qui se trouve juste derrière l'iris. Une tache grisâtre se forme au centre de l'œil et s'intensifie graduellement. D'abord, la vue se voile, puis il y a éventuellement perte de vision. La cataracte affecte un ou les deux yeux. Elle est soit :

- la complication d'une infection oculaire précédente ;
- une complication du diabète ;
- une conséquence d'une blessure à l'œil ;
- le résultat du processus de vieillissement normal du cristallin.

Une gerbille atteinte de cataractes peut très bien se débrouiller. La chirurgie consistant à l'enlever est une solution, mais l'intervention est délicate. Discutez-en avec votre vétérinaire.

Les tumeurs

La gerbille peut souffrir de tumeurs surtout lorsqu'elle prend de l'âge (généralement après deux ans). Elles impliquent généralement la glande de l'abdomen, la peau, les glandes surrénales ou le système reproducteur. Quel que soit le type de cancer, consultez votre vétérinaire.

La convalescence

Si votre gerbille a subi une chirurgie ou si elle est incommodée par une infection, elle aura besoin de vos bons soins pour se rétablir rapidement. Le but de la convalescence est de procurer à l'animal un environnement des plus confortables, de lui prodiguer tous les soins nécessaires et de s'assurer qu'il se nourrit adéquatement. Souvenez-vous que le désir de guérison diminue avec la peur et la douleur. La prescription d'un médicament antidouleur est fortement conseillée pour toute situation jugée pertinente.

Pour une convalescence heureuse…

- Gardez la gerbille dans un endroit calme et tempéré (20 à 25 °C – 68 à 77 °F).
- Laissez la gerbille en convalescence en compagnie de sa ou ses congénères, à moins que sa maladie ne soit contagieuse. Il est parfois difficile de réintroduire un individu dans son groupe après une période de séparation, même s'ils s'entendaient très bien avant d'être séparés. Cependant, même si le type de maladie qui affecte votre gerbille permet une convalescence avec ses amies, séparez-la promptement si les membres du groupe la rejettent ou la bousculent. Il arrive parfois qu'une gerbille malade soit perçue par le groupe comme une menace et soit exclue.
- Si elle est frileuse, installez un coussin chauffant sous sa cage, ce sera fort apprécié. Ne le placez jamais directement à l'intérieur, car la gerbille pourrait se brûler ou s'électrocuter en rongeant le fil. Une ampoule électrique peut également faire l'affaire. Il suffit de la placer environ à 15 cm de la cage. Un gradient de température est ainsi créé et la gerbille peut choisir sa zone de confort. Éteignez toujours l'ampoule la nuit afin de permettre à la convalescente de se reposer adéquatement. Vérifiez fréquemment la cage. Une ampoule placée trop près peut surchauffer dangereusement l'environnement.
- Assurez-vous que la gerbille s'alimente adéquatement. Faites-la boire au compte-gouttes si nécessaire. Vous pouvez lui offrir les boissons utilisées par les sportifs pour se réhydrater (Gatorade) ou pour les enfants atteints de diarrhée (gastrolyte, pedialyte). Elles remplacent avantageusement l'eau. Demandez conseil à votre pharmacien.
- La gerbille malade perd rapidement du poids. Son appétit est parfois capricieux. N'hésitez pas à la gâter en lui offrant des aliments très appétissants. Comme chaque animal a ses préférences, ce qui fait plaisir à l'un peut laisser l'autre tout à fait indifférent.
- Dans le cas de blessures ou d'opération, gardez la plaie de votre gerbille propre et vérifiez-la quotidiennement. Comme les gerbilles se

toilettent beaucoup et qu'elles possèdent des incisives coupantes, il arrive souvent qu'elles coupent leurs points de suture. Consultez votre vétérinaire si la plaie privée de ses points s'ouvre, ne serait-ce que partiellement. Un vétérinaire qui connaît les habitudes de ces petits rongeurs pensera à fermer la plaie avec des points sous-cutanés en plus de ceux visibles sur la peau. Une colle spécialement conçue pour fermer la peau peut aussi être utilisée.

- La gerbille très malade ne se lave presque plus. Elle appréciera de se faire lisser les poils avec une serviette humide. Ne la mouillez pas trop, elle pourrait souffrir d'un refroidissement. Une amie gerbille peut très bien s'acquitter de cette tâche si la convalescence se passe en couple ou en groupe. Lorsque la gerbille recommence à se toiletter elle-même, c'est qu'elle commence à se sentir mieux. C'est bon signe.
- Administrez les médicaments tels que prescrits, et cela jusqu'à la fin du traitement.
- N'appliquez pas de crèmes antibiotiques – spécialement celles contenant des corticostéroïdes – pour humains ou pour chiens ou chats sur une blessure cutanée de gerbille. Comme elle se toilette fréquemment, elle avalerait le médicament. Vu sa petite taille, une infime quantité du produit suffit pour l'intoxiquer. Utilisez uniquement les crèmes prescrites par votre vétérinaire.
- N'hésitez pas à communiquer de nouveau avec votre vétérinaire pour toutes questions concernant l'évolution de l'état de santé de votre gerbille.

L'administration de médicaments

Enveloppez la gerbille dans une serviette et injectez le mélange dans sa bouche à l'aide d'un compte-gouttes ou d'une seringue.

CARNET DE SANTÉ

Nom de votre gerbille : ______________________

Date de naissance : ______________________

Sexe : ______________________

Couleur : ______________________

Marques particulières : ______________________

Nom de son vétérinaire : ______________________

Adresse de la clinique : ______________________

____

____

____

Numéro de téléphone
de la clinique : ______________________

FICHE MÉDICALE

Visites chez le vétérinaire :

Date	Poids	Diagnostic/Traitements/Recommandations

CHAPITRE IX

Un nom pour votre gerbille

Abigaël
Acacia
Adèle
Aki
Alex
Alphée
Aramis
Balou
Bandit
Bécassine
Becky
Ben
Bianca
Billy
Blaise
Bob
Boubou
Bouddha
Bouton
Buddy
Bulle

Calico
Cammy
Capucine
Caramel
Carlos
Carmen
Casper
Cassis
Champagne
Chanel
Charlie
Charlot
Chiffon
Chispita
Chiva
Ciboulette
Cloé
Coco
Coquette
Coquin
Coquine

Cypolin
Daisy
Dixie
Écho
Elsa
Émilie
Ernest
Félix
Fiona
Firmin
Frimousse
Frip
Frisette
Frisson
Fritz
Fusin
Gamin
Gamine
Gaston
Geisha
Georges

Gino
Gizmo
Goglu
Gustave
Henri
Hobo
Horace
Iris
Jack
Jacomo
Jade
Jérémie
Jimmy
Joséphine
Junior
Kaiser
Kali
Katou
Kelly
Kiki
Kiwi

Kouki
Kovou
Kristel
Laïse
Lili
Loulou
Mammouth
Mamour
Maurice
Max
Maya
Mélita
Micha
Mickey
Mik
Mimi
Mini
Mistigri
Moka
Mollie
Mouska
Mousse
Muffin
Mushi
Nellie
Nik
Octave
Olivier
Omar
Oréo
Oscar
Pacha
Papousse
Pappy
Patou
Pedro
Picasso
Pik
Pixie
Pistache
Plouf
Pluton
Pollux
Poutchie
Pralina
Puce
Radja
Ralf
Rica
Robert
Ronie
Sam
Sammy
Saphir
Scott
Sésame
Skippy
Stuart
Sushi
Tacha
Tammy
Tatou
Théo
Ti-Pou
Tison
Tito
Toby
Tom
Topaz
Toudou
Trixie
Vanille
Veda
Virgule
Willy
Windy
Yaki
Yan
Zak
Zazette
Zelda
Zirba
Zora

Table des matières

Animaux

* **Le chien dans votre vie,** Matthew Margolis et Catherine Swan
* **Encyclopédie des oiseaux du Québec,** W. Earl Godfrey
Fabuleuses baleines et autres mammifères marins du Québec, Marie-Claude Ouellet
Fabulous Whales and Other Marine Mammals of Eastern Canada, Marie-Claude Ouellet
* **Guide des oiseaux saison par saison,** André Dion et Michel Sokolyk
Le monde fascinant des oiseaux, Rebecca Rupp
* **Nos animaux,** D. W. Stokes et L. Q. Stokes
* **Nos oiseaux, tome I,** Donald W. Stokes
* **Nos oiseaux, tome II,** Donald W. Stokes et Lillian Q. Stokes
* **Nos oiseaux, tome III,** Donald W. Stokes et Lillian Q. Stokes
* **Nourrir nos oiseaux toute l'année,** André Dion et André Demers
La palette sauvage d'Audubon, David M. Lank
* **Papillons et chenilles du Québec et de l'est du Canada,** Jean-Paul Laplante
Vous et vos oiseaux de compagnie, Jacqueline Huard-Viaux
Vous et vos poissons d'aquarium, Sonia Ganiel
Vous et votre bâtard, Ata Mamzer
Vous et votre Beagle, Martin Eylat
Vous et votre Beauceron, Pierre Boistel
Vous et votre Berger allemand, Martin Eylat
Vous et votre Bernois, Pierre Van Der Heyden
Vous et votre Bobtail, Pierre Boistel
Vous et votre Boxer, Sylvain Herriot
Vous et votre Braque allemand, Martin Eylat
Vous et votre Briard, Pierre Van Der Heyden
Vous et votre Bulldog, Pierre Van Der Heyden
Vous et votre Bullmastiff, Pierre Van Der Heyden
Vous et votre Caniche, Sav Shira
Vous et votre Chartreux, Odette Eylat
Vous et votre chat de gouttière, Annie Mamzer
Vous et votre chat tigré, Odette Eylat
Vous et votre Chihuahua, Martin Eylat
Vous et votre Chow-chow, Pierre Boistel
Vous et votre Cockatiel (Perruche callopsite), Michèle Pilotte
Vous et votre Collie, Léon Éthier
Vous et votre Dalmatien, Martin Eylat
Vous et votre Danois, Martin Eylat
Vous et votre Doberman, Paula Denis
Vous et votre Épagneul breton, Sylvain Herriot
Vous et votre furet, Manon Paradis
Vous et votre Husky, Martin Eylat
Vous et votre Labrador, Pierre Van Der Heyden
Vous et votre Lévrier afghan, Martin Eylat
Vous et votre lézard, Michèle Pilotte
Vous et votre Loulou de Poméranie, Martin Eylat
Vous et votre perroquet, Michèle Pilotte
Vous et votre perruche ondulée, Michèle Pilotte
Vous et votre petit rongeur, Martin Eylat
Vous et votre Rottweiler, Martin Eylat
Vous et votre Schnauzer, Martin Eylat

Vous et votre serpent, Guy Deland
Vous et votre Setter anglais, Martin Eylat
Vous et votre Siamois, Odette Eylat
Vous et votre Teckel, Pierre Boistel
Vous et votre Terre-Neuve, Marie-Edmée Pacreau
Vous et votre Tervueren, Pierre Van Der Heyden
Vous et votre tortue, André Gaudette
Vous et votre Westie, Léon Éthier
Vous et votre Yorkshire, Sandra Larochelle

Cuisine et nutrition

* **Les 250 meilleures recettes de Weight Watchers,** Collectif
* **À la découverte des fromageries du Québec,** André Fouillet
L'alimentation durant la grossesse, Hélène Laurendeau et Brigitte Coutu
Les aliments et leurs vertus, Jean Carper
Les aliments miracles pour votre cerveau, Jean Carper
Les aliments pour rester jeune, Jean Carper
Les aliments qui guérissent, Jean Carper
* **Apprêter et cuisiner le gibier,** collectif
Balsamico, Pamela Sheldon Johns
Le barbecue, Patrice Dard
Le barbecue – Toutes les techniques pour cuisiner sur le gril, Steven Raichler
* **Bien manger sans se serrer la ceinture,** Marie Breton
* **Biscuits et muffins,** Marg Ruttan
Bon appétit !, Mia et Klaus
La bonne cuisine des saisons, Victor-Antoine d'Avila-Latourette
Bonne table, bon sens, Anne Lindsay
Bonne table et bon cœur, Anne Lindsay
Les bonnes soupes du monastère, Victor-Antoine d'Avila-Latourrette
* **Bons gras, mauvais gras,** Louise Lambert-Lagacé et Michelle Laflamme
Les bons légumes du monastère, Victor-Antoine d'Avila-Latourrette
Le boulanger électrique, Marie-Paul Marchand
* **Le cochon à son meilleur,** Philippe Mollé
* **Cocktails de fruits non alcoolisés,** Lorraine Whiteside
Combler ses besoins en calcium, Denyse Hunter
Comment nourrir son enfant, Louise Lambert-Lagacé
La congélation de A à Z, Joan Hood
Les conserves, Sœur Berthe
* **Crème glacée et sorbets,** Yves Lebuis et Gilbert Pauzé
Cuisine amérindienne, Françoise Kayler et André Michel
La cuisine au wok, Charmaine Solomon
* **La cuisine chinoise traditionnelle,** Jean Chen
La cuisine des champs, Anne Gardon
La cuisine du monastère, Victor-Antoine d'Avila-Latourrette
La cuisine, naturellement, Anne Gardon
* **Cuisiner avec le four à convection,** Jehane Benoit
Cuisine traditionnelle des régions du Québec, Institut de tourisme et d'hôtellerie du Québec
Le défi alimentaire de la femme, Louise Lambert-Lagacé
* **Délices en conserve,** Anne Gardon
Des insectes à croquer, Insectarium de Montréal et Jean-Louis Thémis
* **Les desserts sans sucre,** Jennifer Eloff
Devenir végétarien, V. Melina, V. Harrison et B. C. Davis
* **Du moût ou du raisin ? Faites vous-même votre vin,** Claudio Bartolozzi
* **Faire son pain soi-même,** Janice Murray Gill
* **Faire son vin soi-même,** André Beaucage
Fruits & légumes exotiques, Jean-Louis Thémis

Gibier à poil et à plume, Jean-Paul Grappe
* **Le guide des accords vins et mets,** Jacques Orhon
Harmonisez vins et mets, Jacques Orhon
Huiles et vinaigres, Jean-François Plante
Jus frais et boissons santé, Anne MsIntyre
Le juste milieu dans votre assiette, Dr B. Sears et B. Lawren
Le lait de chèvre un choix santé, Collectif
* **Le livre du café,** Julien Letellier
Mangez mieux, vivez mieux !, Bruno Comby
Ménopause, nutrition et santé, Louise Lambert-Lagacé
* **Menus et recettes du défi alimentaire de la femme,** Louise Lambert-Lagacé
* **Les muffins,** Angela Clubb
Nouilles, Vicki Liley
* **La nouvelle boîte à lunch,** Louise Desaulniers et Louise Lambert-Lagacé
La nouvelle cuisine micro-ondes, Marie-Paul Marchand et Nicole Grenier
La nouvelle cuisine micro-ondes II, Marie-Paul Marchand et Nicole Grenier
Les passions gourmandes, Philippe Mollé
* **Les pâtes,** Julien Letellier
* **La pâtisserie,** Maurice-Marie Bellot
Plaisirs d'été, Collectif
* **Poissons, mollusques et crustacés,** Jean-Paul Grappe et l'I.T.H.Q.
Le porc en toutes saisons, Le Porc du Québec
* **Les recettes du bien-être absolu,** Dr Barry Sears
Réfléchissez, mangez et maigrissez !, Dr Dean Ornish
La sage bouffe de 2 à 6 ans, Louise Lambert-Lagacé
La santé au menu, Karen Graham
* **Soupes et plats mijotés,** Marg Ruttan et Lew Miller
Sushis et sashimis, Masakuzu Hori et Kazu Takahashi
Telle mère, telle fille, Debra Waterhouse
Les tisanes qui font merveille, Dr Leonhard Hochenegg et Anita Höhne
Un homme au fourneau, Guy Fournier
Une cuisine sage, Louise Lambert-Lagacé
* **Votre régime contre l'acné,** Alan Moyle
* **Votre régime contre la colite,** Joan Lay
* **Votre régime contre la cystite,** Ralph McCutcheon
* **Votre régime contre la sclérose en plaque,** Rita Greer
* **Votre régime contre l'asthme et le rhume des foins,** R. Newman Turner
* **Votre régime contre le diabète,** Martin Budd
* **Votre régime contre le psoriasis,** Harry Clements
* **Votre régime pour contrôler le cholestérol,** R. Newman Turner
* **Les yogourts glacés,** Mable et Gar Hoffman

Psychologie, vie affective, vie professionnelle, sexualité

20 minutes de répit, Ernest Lawrence Rossi et David Nimmons
101 conseils pour élever un enfant heureux, Lisa McCourt
1001 stratégies amoureuses, Marie Papillon
À dix kilos du bonheur, Danielle Bourque
L'adultère est un péché qu'on pardonne, Bonnie Eaker Weil et Ruth Winter
* **Aider mon patron à m'aider,** Eugène Houde
Aimer et se le dire, Jacques Salomé et Sylvie Galland
Aimer un homme sans se laisser dominer, Harrison Forrest
À la découverte de mon corps — Guide pour les adolescentes, Lynda Madaras
À la découverte de mon corps — Guide pour les adolescents, Lynda Madaras
L'amour comme solution, Susan Jeffers
* **L'amour, de l'exigence à la préférence,** Lucien Auger
* **L'amour en guerre,** Guy Corneau

L'amour entre elles, Claudette Savard
Les anges, mystérieux messagers, Collectif
Apprendre à dire non, Marcelle Lamarche et Pol Danheux
Apprenez à votre enfant à réfléchir, John Langrehr
L'apprentissage de la parole, R. Michnik Golinkoff et K. Hirsh-Pasek
L'approche émotivo-rationnelle, Albert Ellis et Robert A. Harper
Arrête de bouder!, Marie-France Cyr
Arrosez les fleurs pas les mauvaises herbes, Fletcher Peacock
L'art de discuter sans se disputer, Robert V. Gerard
L'art de parler en public, Ed Woblmuth
L'art d'être parents, Dr Benjamin Spock
Attention, parents !, Carol Soret Cope
Au bout du rouleau, Debra Waterhouse
Au cœur de l'année monastique, Victor-Antoine d'Avila-Latourrette
Balance en amour, Linda Goodman
Bébé joue et apprend, Penny Warner
Bélier en amour, Linda Goodman
Bientôt maman, Janet Whalley, Penny Simkin et Ann Keppler
* **Le bonheur au travail,** Alan Carson et Robert Dunlop
Le bonheur si je veux, Florence Rollot
Cancer en amour, Linda Goodman
Capricorne en amour, Linda Goodman
Ces chers parents !..., Christina Crawford
Ces gens qui remettent tout à demain, Rita Emmett
Ces gens qui vous empoisonnent l'existence, Lillian Glass
* **Ces hommes qui méprisent les femmes... et les femmes qui les aiment,** Dr Susan Forward et Joan Torres
Ces pères qui ne savent pas aimer, Monique Brillon
Cessez d'être gentil, soyez vrai, Thomas d'Ansembourg
Ces visages qui en disent long, Jeanne-Élise Alazard
Changer en douceur, Alain Rochon
Changer ensemble — Les étapes du couple, Susan M. Campbell
Changer, oui, c'est possible, Martin E. P. Seligman
Les clés du succès, Napoleon Hill
Comment aider mon enfant à ne pas décrocher, Lucien Auger
Comment communiquer avec votre adolescent, E. Weinhaus et K. Friedman
Comment contrôler l'inquiétude et l'utiliser efficacement, Dr E. M. Hallowell
Comment développer l'estime de soi de votre enfant, Carl Pickhardt
Comment faire l'amour sans danger, Diane Richardson
* **Comment parler en public,** S. Barrat et C. H. Godefroy
Comment s'amuser à séduire l'autre, Lili Gulliver
Comment s'entourer de gens extraordinaires, Lillian Glass
Communiquer avec les autres, c'est facile !, Érica Guilane-Nachez
Le complexe de Casanova, Peter Trachtenberg
* **Comprendre et interpréter vos rêves,** Michel Devivier et Corinne Léonard
La concentration créatrice, Jean-Paul Simard
La côte d'Adam, M. Geet Éthier
Couples en péril réagissez !, Dr Arnold Brand
Découvrez votre quotient intellectuel, Victor Serebriakoff
Découvrir un sens à sa vie avec la logothérapie, Viktor E. Frankl
Le défi de vieillir, Hubert de Ravinel
* **De ma tête à mon cœur,** Micheline Lacasse
La dépression contagieuse, Ronald M. Podell
La deuxième année de mon enfant, Frank et Theresa Caplan
Développez votre charisme, Tony Alessandra
Devenez riche, Napoleon Hill
* **Dieu ne joue pas aux dés,** Henri Laborit
Dominez votre anxiété avant qu'elle ne vous domine, Albert Ellis

Les douze premiers mois de mon enfant, Frank Caplan
* **Du nouvel amour à la famille recomposée,** Gisèle Larouche
Les dynamiques de la personne, Denis Ouimet
Dynamique des groupes, Jean-Marie Aubry
En attendant notre enfant, Yvette Pratte Marchessault
* **Les enfants de l'autre,** Erna Paris
Les enfants de l'indifférence, Andrée Ruffo
L'enfant dictateur, Fred G. Gosman
L'enfant en colère, Tim Murphy
* **L'enfant unique — Enfant équilibré, parents heureux,** Ellen Peck
L'Ennéagramme au travail et en amour, Helen Palmer
Entre le rire et les larmes, Élisabeth Carrier
L'esprit dispersé, Dr Gabor Maté
* **L'esprit du grenier,** Henri Laborit
Êtes-vous faits l'un pour l'autre ?, Ellen Lederman
* **L'étonnant nouveau-né,** Marshall H. Klaus et Phyllis H. Klaus
Être soi-même, Dorothy Corkille Briggs
* **Évoluer avec ses enfants,** Pierre-Paul Gagné
Exceller sous pression, Saul Miller
* **Exercices aquatiques pour les futures mamans,** Joanne Dussault et Claudia Demers
Fantaisies amoureuses, Marie Papillon
La femme indispensable, Ellen Sue Stern
La force intérieure, J. Ensign Addington
Le fruit défendu, Carol Botwin
Full Sexuel – La vie amoureuse des adolescents, Jocelyne Robert
Gémeaux en amour, Linda Goodman
Le goût du risque, Gert Semler
Le grand dauphin blanc, Bruno Saint-Cast
Le grand livre de notre enfant, Tim Murphy
* **Le grand manuel des cristaux,** Ursula Markham
La graphologie au service de votre vie intime et professionnelle, Claude Santoy
Guérir des autres, Albert Glaude
* **La guérison du cœur,** Guy Corneau
Le guide du succès, Tom Hopkins
* **Heureux comme un roi,** Benoît L'Herbier
Histoire d'une femme traquée, Gaëtan Dufour
L'histoire merveilleuse de la naissance, Jocelyne Robert
Horoscope chinois 2001, Neil Somerville
Horoscope chinois 2002, Neil Somerville
Les initiales du bonheur, Ronald Royer
L'insoutenable absence, Regina Sara Ryan
J'ai commis l'inceste, Gilles David
* **J'aime,** Yves Saint-Arnaud
J'ai rendez-vous avec moi, Micheline Lacasse
Jamais seuls ensemble, Jacques Salomé
Je crois en moi et je vais mieux !, Christ Zois et Patricia Fogarty
Je réinvente ma vie, J. E. Young et J. S. Klosko
Le jeu excessif, Ladouceur, Sylvain, Boutin et Doucet
* **Le journal intime intensif,** Ira Progoff
Le langage du corps, Julius Fast
Lion en amour, Linda Goodman
Le mal des mots, Denise Thériault
Maman a raison, papa n'a pas tort…, Dr Ron Taffel
Maman, bobo !, Collectif
Les manipulateurs et l'amour, Isabelle Nazare-Aga
Les manipulateurs sont parmi nous, Isabelle Nazare-Aga
Ma sexualité de 0 à 6 ans, Jocelyne Robert
Ma sexualité de 6 à 9 ans, Jocelyne Robert

Ma sexualité de 9 à 12 ans, Jocelyne Robert
La méditation transcendantale, Jack Forem
Le mensonge amoureux, Robert Blondin
Nous divorçons — Quoi dire à nos enfants, Darlene Weyburne
Mère à la maison et heureuse ! Cindy Tolliver
Mettez du feng shui dans votre vie, George Birdsall
* **Mon enfant naîtra-t-il en bonne santé ?,** Jonathan Scher et Carol Dix
* **Mon journal de rêves,** Nicole Gratton
Parent responsable, enfant équilibré, François Dumesnil
Parle, je t'écoute…, Kris Rosenberg
Parle-moi… j'ai des choses à te dire, Jacques Salomé
Parlez-leur d'amour et de sexualité, Jocelyne Robert
Parlez pour qu'on vous écoute, Michèle Brien
Partir ou rester ?, Peter D. Kramer
Pas de panique !, Dr R. Reid Wilson
Pensez comme Léonard de Vinci, Michael J. Gelb
Père manquant, fils manqué, Guy Corneau
Petit bonheur deviendra grand, Éliane Francœur
La peur d'aimer, Steven Carter et Julia Sokol
Les peurs infantiles, Dr John Pearce
Peut-on être un homme sans faire le mâle ?, John Stoltenberg
* **Les plaisirs du stress,** Dr Peter G. Hanson
La plénitude sexuelle, Michael Riskin et Anita Banker-Riskin
Poissons en amour, Linda Goodman
Pour en finir avec le trac, Peter Desberg
Pour entretenir la flamme, Marie Papillon
Pourquoi l'autre et pas moi ? — Le droit à la jalousie, Dr Louise Auger
Pourquoi les hommes s'en vont, Brenda Shoshanna
Pourquoi les hommes marchent-ils à la gauche des femmes?, Philippe Turchet
Le pouvoir d'Aladin, Jack Canfield et Mark Victor Hansen
Le pouvoir de la couleur, Faber Birren
Le pouvoir de la pensée « négative », Tony Humphreys
Le pouvoir de l'empathie, A.P. Ciaramicoli et C. Ketcham
Préparez votre enfant à l'école dès l'âge de 2 ans, Louise Doyon
* **Prévenir et surmonter la déprime,** Lucien Auger
Le principe de Peter, L. J. Peter et R. Hull
Les problèmes de sommeil des enfants, Dr Susan E. Gottlieb
Psychologie de l'enfant de 0 à 10 ans, Françoise Cholette-Pérusse
* **La puberté,** Angela Hines
La puissance de la vie positive, Norman Vincent Peale
La puissance de l'intention, Richard J. Leider
La puissance des émotions, Michelle Larivey
Qui a peur d'Alexander Lowen ?, Édith Fournier
Réfléchissez et devenez riche, Napoleon Hill
La réponse est en moi, Micheline Lacasse
La réussite grâce à l'horoscope chinois, Neil Somerville
Les rêves, messagers de la nuit, Nicole Gratton
Les rêves portent conseil, Laurent Lachance
Rêves, signes et coïncidences, Laurent Lachance
Rompre pour de bon !, Joyce L. Vedral
* **Rompre sans tout casser,** Linda Bérubé
Ronde et épanouie !, Cheri K. Erdman
* **S'affirmer au quotidien,** Éric Schuler
S'affirmer et communiquer, Jean-Marie Boisvert et Madeleine Beaudry
S'aider soi-même davantage, Lucien Auger
Sagittaire en amour, Linda Goodman
Scorpion en amour, Linda Goodman
Se comprendre soi-même par des tests, Collaboration

Se connaître soi-même, Gérard Artaud
* **Le secret de Blanche,** Blanche Landry
Secrets d'alcôve, Iris et Steven Finz
Les secrets de la flexibilité, Priscilla Donovan et Jacquelyn Wonder
Les secrets de l'astrologie chinoise ou le parfait bonheur, André H. Lemoine
Les secrets des 12 signes du zodiaque, Andrée D'Amour
Séduire à coup sûr, Leil Lowndes
* **Se guérir de la sottise,** Lucien Auger
S'entraider, Jacques Limoges
* **La sexualité du jeune adolescent,** Dr Lionel Gendron
La sexualité pour le plaisir et pour l'amour, D. Schmid et M.-J. Mattheeuws
Si je m'écoutais je m'entendrais, Jacques Salomé et Sylvie Galland
Le Soi aux mille visages, Pierre Cauvin et Geneviève Cailloux
* **Superlady du sexe,** Susan C. Bakos
Surmonter sa peine, Adele Wilcox
La synergologie, Philippe Turchet
Taureau en amour, Linda Goodman
Te laisse pas faire ! Jocelyne Robert
Le temps d'apprendre à vivre, Lucien Auger
Tics et problèmes de tension musculaire, Kieron O'Connor et Danielle Gareau
Tirez profit de vos erreurs, Gerard I. Nierenberg
Tout se joue avant la maternelle, Masaru Ibuka
* **Travailler devant un écran,** Dr Helen Feeley
Un autre corps pour mon âme, Michael Newton
* **Un monde insolite,** Frank Edwards
Une vie à se dire, Jacques Salomé
* **Un second souffle,** Diane Hébert
Verseau en amour, Linda Goodman
* **La vie antérieure,** Henri Laborit
Vieillir au masculin, Hubert de Ravinel
Vierge en amour, Linda Goodman
Vivre avec un cardiaque, Rhoda F. Levin
Vos enfants consomment-ils des drogues ?, Steve Carper et Timothy Dimoff
Votre enfant est-il trop sensible ?, Janet Poland et Judi Craig
Votre enfant est-il victime d'intimidation ?, Sarah Lawson
Vouloir c'est pouvoir, Raymond Hull
Vous valez mieux que vous ne pensez, Patricia Cleghorn

Santé, beauté

Alzheimer — Le long crépuscule, Donna Cohen et Carl Eisdorfer
Arbres et arbustres thérapeutiques, Anny Schneider
L'arthrite, Dr Michael Reed Gach
L'arthrite — méthode révolutionnaire pour s'en débarrasser, Dr John B. Irwin
Au cœur de notre corps, Marie Lise Labonté
Bien vivre, mieux vieillir, Marie-Paule Dessaint
Bon vin, bon cœur, bonne santé !, Frank Jones
Le cancer du sein, Dr Carol Fabian et Andrea Warren
La chirurgie esthétique, Dr André Camirand
* **Comment arrêter de fumer pour de bon,** Kieron O'Connor, Robert Langlois et Yves Lamontagne
Le corps heureux, Thérèse Cadrin Petit et Lucie Dumoulin
Cures miracles, Jean Carper
De belles jambes à tout âge, Dr Guylaine Lanctôt
* **Dites-moi, docteur…,** Dr Raymond Thibodeau
Dormez comme un enfant, John Selby
Dos fort bon dos, David Imrie et Lu Barbuto
Dr Dalet, j'ai mal, que faire ?, Dr Roger Dalet

* **Être belle pour la vie,** Bronwen Meredith
Être jeune et le rester, Dr Alan Bonsteel et Chantal Charbonneau
La faim de vivre, Geneen Roth
Guide critique des médicaments de l'âme, D. Cohen et S. Cailloux-Cohen
* **Guide de la santé (le),** Clinique Mayo
H_2O — Les bienfaits de l'eau, Anna Selby
L'hystérectomie, Suzanne Alix
L'impuissance, Dr Pierre Alarie et Dr Richard Villeneuve
Initiation au shiatsu, Yuki Rioux
* **Maigrir: la fin de l'obsession,** Susie Orbach
Maladies imaginaires, maladies réelles?, Carla Cantor et Dr Brian A. Fallon
* **Le manuel Johnson & Johnson des premiers soins,** Dr Stephen Rosenberg
* **Les maux de tête chroniques,** Antonia Van Der Meer
Maux de tête et migraines, Dr Jacques P. Meloche et J. Dorion
Millepertuis, la plante du bonheur, Dr Steven Bratman
La médecine des dauphins, Amanda Cochrane et Karena Callen
Mince alors... finis les régimes!, Debra Waterhouse
Perdez du poids... pas le sourire, Dr Senninger
Perdre son ventre en 30 jours, Nancy Burstein
La pharmacie verte, Anny Schneider
Plantes sauvages médicinales, Anny Schneider et Ulysse Charette
Pourquoi les femmes vivent-elles plus longtemps que les hommes?, Royda Crose
* **Principe de la technique respiratoire,** Julie Lefrançois
* **Programme XBX de l'aviation royale du Canada,** Collectif
Qi Gong, L.V. Carnie
Renforcez votre immunité, Bruno Comby
Le rhume des foins, Roger Newman Turner
Ronfleurs, réveillez-vous!, Jocelyne Delage et Jacques Piché
La santé après 50 ans, Muriel R. Gillick
Santé et bien-être par l'aquaforme, Nancy Leclerc
Savoir relaxer — Pour combattre le stress, Dr Edmund Jacobson
Se guérir autrement c'est possible, Marie Lise Labonté
* **Soignez vos pieds,** Dr Glenn Copeland et Stan Solomon
Le supermassage minute, Gordon Inkeles
Vaincre les ennemis du sommeil, Charles M. Morin
* **Vaincre l'hypoglycémie,** O. Bouchard et M. Thériault
Vivre avec l'alcool, Louise Nadeau
Le yoga, Sandra Anderson

le jour, éditeur

Affaires, loisirs, vie pratique

* **L'affrontement,** Henri Lamoureux
* **Les bains flottants,** Michael Hutchison
* **Conte pour buveurs attardés,** Michel Tremblay
* **La France à la québécoise,** André Bergeron et Émile Roberge
* **Le guide du répondeur bien branché,** Robert Blondin et Lucie Dumoulin
* **J'avais oublié que l'amour fût si beau,** Évette Doré-Joyal
* **Jean-Paul ou les hasards de la vie,** Marcel Bellier

* **Oslovik fait la bombe,** Oslovik
* **Questions réponses sur vos droits et recours,** François Huot

Animaux

L'amstaff (American Staffordshire terrier), Dr Joël Dehasse
Attirer les oiseaux, les loger, les nourrir, André Dion
Le bâtard, Dr Joël Dehasse
Le beagle, Dr Joël Dehasse
Le berger allemand, Dr Joël Dehasse
Le berger belge, Dr Joël Dehasse
Le bichon frisé, Dr Joël Dehasse
Le bichon maltais, Dr Joël Dehasse
Le bobtail, Dr Joël Dehasse
Le bouvier bernois, Dr Joël Dehasse
Le bouvier des flandres, Dr Joël Dehasse
Le boxer, Dr Joël Dehasse
Le braque allemand, Dr Joël Dehasse
Le braque de Weimar, Dr Joël Dehasse
Le bull-terrier, Dr Joël Dehasse
Le cairn terrier, Dr Joël Dehasse
Le caniche, Dr Joël Dehasse
Les caniches nains et moyens, Dr Joël Dehasse
Le cavalier King Charles, Dr J. Dehasse
Le chat de gouttière, Nadège Devaux
Le chat himalayen, Nadège Devaux
Chats hors du commun, Dr Joël Dehasse
Chiens hors du commun, Dr Joël Dehasse
Le chien qui vous convient, Dr Joël Dehasse
Les chiens nous parlent, Jan Fennell
Le chinchilla, Dr Manon Tremblay
Le chow-chow, Dr Joël Dehasse
Le cochon d'Inde, Dr Michèle Pilotte
Le cockatiel (perruche callopsite), Dr Michèle Pilotte
Le cocker américain, Dr Joël Dehasse
Le cocker spaniel, Dr Joël Dehasse
Le colley, Dr Joël Dehasse
Le dalmatien, Dr Joël Dehasse
Le doberman, Dr Joël Dehasse
Le dogue allemand (le danois), Dr Joël Dehasse
L'éducation du chat, Dr Joël Dehasse
L'éducation du chien, Dr Joël Dehasse
L'épagneul breton, Dr Joël Dehasse
Le fox-terrier à poil dur, Dr Joël Dehasse
Le furet, Dr Manon Tremblay
Le golden retriever, Dr Joël Dehasse
Le hamster, Dr Manon Tremblay
Le husky, Dr Joël Dehasse
Les inséparables, Dr Michèle Pilotte
Le Jack Russell terrier, Dr Joël Dehasse
Le labrador, Dr Joël Dehasse
Le lapin, Dr Manon Tremblay
Le lézard, Dr Michèle Pilotte
Le lhassa apso, Dr Joël Dehasse
Mon chien est bien élevé, Dr Joël Dehasse
Mon chien est-il dominant? Dr Joël Dehasse
Mon chien est propre, Audrey Carr et Lou Ellen Davis

Mon jeune chien a des problèmes, Dr Joël Dehasse
Nourrir les oiseaux dans sa main, Hugh Wiberg
Le pékinois, Dr Joël Dehasse
Le perroquet, Dr Michèle Pilotte
Le persan chinchilla, Nadège Devaux
Les persans, Nadège Devaux
Les pinsons, Dr Michèle Pilotte
Le pit-bull, Dr Joël Dehasse
Le rat, Dr Manon Tremblay
Le rottweiler, Dr Joël Dehasse
Le saint-bernard, Dr Joël Dehasse
Les schnauzers, Dr Joël Dehasse
Secrets d'oiseaux, Pierre Gingras
Le serin (canari), Dr Michèle Pilotte
Le serpent, Guy Deland
Le setter anglais, Dr Joël Dehasse
Le shar-peï, Dr Joël Dehasse
Le sheltie, Dr Joël Dehasse
Le shih-tzu, Dr Joël Dehasse
Le siamois, Nadège Devaux
La souris, Dr Manon Tremblay
Le teckel, Dr Joël Dehasse
Le terre-neuve, Dr Joël Dehasse
Le westie, Dr Joël Dehasse
Le yorkshire, Dr Joël Dehasse

Ésotérisme, santé, spiritualité

L'astrologie pratique, Wofgang Reinicke
Les chemins de l'éveil, Dr Roger Walsh
Combattre la maladie d'Alzheimer, Carmel Sheridan
Dans l'œil du cyclone, Collectif
* **Échos de deux générations,** Sophie Giroux et Benoît Lacroix
La féminité cachée de Dieu, Sherry R. Anderson et Patricia Hopkins
Le grand livre de la cartomancie, Gerhard von Lentner
Jeûner pour sa santé, Nicole Boudreau
La méditation — voie de la lumière intérieure, Laurence Freeman
Le nouveau livre des horoscopes chinois, Theodora Lau
L'ostéoporose, Dr Miriam E. Nelson
\ **Où habite le bon Dieu?,** Marc Gellman et Thomas Hartman
La parole du silence, Laurence Freeman
* **Pour en finir avec l'hystérectomie,** Dr Vicki Hufnagel et Susan K. Golant
Le pouvoir de l'auto-hypnose, Stanley Fisher
La prière, Dr Larry Dossey
Prodiges et mystères de la vie avant la naissance, Dr P. W. Nathanielz
Questions réponses sur la maladie d'Alzheimer, Dr Denis Gauvreau et Dr Marie Gendron
Questions réponses sur la ménopause, Ruth S. Jacobowitz
Questions réponses sur les matières grasses et le cholestérol, M. Brault-Dubuc et L. Caron-Lahaie
Renaître, Billy Graham
Sagesse amérindienne, Dhyani Ywahoo
S'initier à la méditation, Manon Arcand
Une nouvelle vision de la réalité, Bede Griffiths
Un monde de silence, Laurence Freeman
Un mot dans le silence, un mot pour méditer, John Main
* **Le vol de l'oiseau migrateur,** Joseph Campbell
Votre corps vous écoute, Barbara Hoberman Levine

Essais et documents

* **1759 La bataille du Canada,** Laurier L. LaPierre
* **L'administration et le développement coopératif,** Marcel Laflamme et André Roy
* **Les années Trudeau — La recherche d'une société juste,** T. S. Axworthy et P. E. Trudeau
* **Le Dragon d'eau,** R. F. Holland
* **Elle sera poète, elle aussi !** Liliane Blanc
* **Femmes et politique,** Yolande Cohen, Andrée Yanacopoulo et Nicole Brossard
* **Les femmes sont-elles allées trop loin ?,** Francine Burnonville
* **Hans Selye ou la cathédrale du stress,** Andrée Yanacopoulo
* **Hiérarchie ethnique dans la grande entreprise,** Jean-Marie Rainville
* **L'histoire des femmes au Québec,** Le collectif Clio
* **Jacques Cartier - L'odyssée intime,** Georges Cartier

Jésus, p.d.g. de l'an 2000, Laurie Beth Jones
Les mythes à travers les âges, Joseph Campbell

* **Trudeau — l'essentiel de sa pensée politique,** P. E. Trudeau et R. Graham

Psychologie, vie affective, vie professionnelle, sexualité

L'accompagnement au soir de la vie, Andrée Gauvin et Roger Régnier
Adieu, Dr Howard M. Halpern
Affirmez votre pouvoir !, Junius Podrug
L'agressivité créatrice, Dr George R. Bach et Dr Herb Goldberg
Aimer, c'est choisir d'être heureux, Barry Neil Kaufman
Aimer son prochain comme soi-même, Joseph Murphy
L'alliance amoureuse, Hal Stone et Sidra L. Stone
Les âmes sœurs, Thomas Moore
L'amour impossible, Jan Bauer
L'amour lucide, Gay Hendricks et Kathlyn Hendricks
Amour, mensonges et pièges, Guy Finley
L'amour obession, Dr Susan Foward
Apprendre à vivre et à aimer, Leo Buscaglia
Arrête ! tu m'exaspères — Protéger son territoire, Dr George Bach et Ronald Deutsch
L'art d'engager la conversation et de se faire des amis, Don Gabor
L'art de vivre heureux, Josef Kirschner
L'autosabotage, Michel Kuc
La beauté de Psyché, James Hillman
Le bonheur, c'est un choix, Barry Neil Kaufman
Le bonheur de vivre simplement, Timothy Miller
Le burnout, Collectif
Célibataire et heureux !, Vera Peiffer
Ces gens qui ont peur d'avoir peur, Elaine N. Aron
Ces hommes qui ne communiquent pas, Steven Naifeh et Gregory White Smith
C'est pas la faute des mères !, Paula J. Caplan
Ces vérités vont changer votre vie, Joseph Murphy
Le chemin de la maturité, Dr Clifford Anderson
Chocs toniques, Eric Allenbaugh
Choisir qui on aime, Howard M. Halpern
Les clés pour lâcher prise, Guy Finley
Le cœur en paix, Mariah Burton Nelson
Comment acquérir assurance et audace, Jean Brun
Comment apprendre l'autodiscipline aux enfants, Thomas Gordon
Comment faire l'amour à la même personne pour le reste de votre vie, Dagmar O'Connor
Comment faire l'amour à une femme, Michael Morgenstern
Comment faire l'amour à un homme, Alexandra Penney
Comment faire l'amour ensemble, Alexandra Penney

Comment peut-on pardonner ?, Robin Casarjian
Communication efficace, Linda Adams
Le courage de créer, Rollo May
Créez votre vie, Jean-François Decker
La culpabilité, Lewis Engel et Tom Ferguson
Le défi de l'amour, John Bradshaw
Dire oui à l'amour, Leo Buscaglia
Dominez les émotions qui vous détruisent, Dr Robert Langs
Dominez vos peurs, Vera Peiffer
La dynamique mentale, Christian H. Godefroy
Éduquer son enfant avec sa tête et son cœur, Martha H. Pieper et William J. Pieper
L'effet Mozart, Don Campbell
L'effet Mozart sur les enfants, Don Campbell
Éloïse, poste restante, Loïse Lavallée
Les enfants hyperactifs et lunatiques, Dr Guy Falardeau
Entre le cœur et l'âme, Robert Sardello
Êtes-vous parano ?, Ronald K. Siegel
L'éveil de votre puissance intérieure, Anthony Robins
* **Exit final — Pour une mort dans la dignité,** Derek Humphry
Focusing au centre de soi, Dr Eugene T. Gendling
La famille, John Bradshaw
* **La famille moderne et son avenir,** Lyn Richards
La fille de son père, Linda Schierse Leonard
La Gestalt, Erving et Miriam Polster
Le grand voyage, Tom Harpur
Le harcèlement psychologique, Daniel Rhodes et Kathleen Rhodes
Harmonisez votre corps et votre esprit, Ian McDermott et Joseph O'Connor
L'héritage spirituel d'une enfance difficile, Josef Kirschner
Humeurs de femmes, Dr Deborah Sichel et Jeanne W. Driscoll
Les illusions du bonheur, Harriet Lerner
L'influence de la couleur, Betty Wood
L'intuition, Penney Peirce
Je ne peux pas m'arrêter de pleurer, John D. Martin et Frank D. Ferris
Lâcher prise, Guy Finley
Leaders efficaces, Thomas Gordon
* **Les manipulateurs,** E. L. Shostrom et D. Montgomery
Mère un jour, mère toujours !, Harriet Lerner
Messieurs, que seriez-vous sans nous ?, C. Benard et E. Schlaffer
Mesurez votre intelligence émotionnelle, S. Simmons et J. C. Simmons Jr.
Mieux vivre avec nos adolescents, Richard Cloutier
Le miracle de votre esprit, Dr Joseph Murphy
Née pour se taire, Dana Crowley Jack
Ne t'endors jamais le cœur lourd, Carol Osborn
Ni ange ni démon, Stephen Wolinsky
Nous sommes nés pour l'amour, Leo Buscaglia
Nouvelles relations entre hommes et femmes, Herb Goldberg
Option vérité, Will Schutz
L'oracle de votre subconscient, Dr Joseph Murphy
Osez dire non !, Vera Peiffer
Parents au pouvoir, John Rosemond
Parlez pour qu'on vous écoute, Michèle Brien
Paroles de jeunes, Barry Neil Kaufman
La passion de grandir, Muriel et John James
Pensées pour lâcher prise, Guy Finley
* **La personnalité,** Léo Buscaglia
Peter Pan grandit, Dr Dan Kiley
Le pouvoir créateur de la colère, Harriet Goldhor Lerner
Le pouvoir de la motivation intérieure, Shad Helmstetter

Les pouvoirs de la visualisation, Rachel Charles
La puissance de la pensée positive, Norman Vincent Peale
Prier pour lâcher prise, Guy Finley
La puissance de votre subconscient, Dr Joseph Murphy
* **Quand l'amour ne va plus,** Ann Jones et Susan Schechter
Quand on peut on veut, Lynne Bernfield
Questions réponses sur le plaisir sexuel de la femme, D. Brouillette et M. C. Courchesne
* **La rage au cœur,** Martine Langelier
Rebelles, de mère en fille, Linda Schierse Leonard
Relations efficaces, Dr Thomas Gordon
Réfléchissez et devenez riche, Napoleon Hill
Retrouver l'enfant en soi, John Bradshaw
S'affirmer — Savoir prendre sa place, R. E. Alberti et M. L. Emmons
S'affranchir de la honte, John Bradshaw
S'aimer ou le défi des relations humaines, Leo Buscaglia
S'aimer sans se fuir, Roy F. Baumeister
Savoir quand quitter, Jack Barranger
Les secrets de la communication, Richard Bandler et John Grinder
Se faire écouter d'un enfant têtu, James Windell
Se faire obéir des enfants sans frapper et sans crier, B. Unell et J. Wyckoff
Se libérer de son carcan, Warren Berland
Seuls ensemble, Dan Kiley
La sexualité des jeunes, Dr Guy Falardeau
Le succès par la pensée constructive, Napoleon Hill
La survie du couple, John Wright
Tous les chemins mènent à soi, Laurie Beth Jones
Triomphez de vous-même et des autres, Dr Joseph Murphy
* **Un homme au dessert,** Sonya Friedman
* **Uniques au monde !,** Jeanette Biondi
Vaincre l'ennemi en soi, Guy Finley
Vivre à deux aujourd'hui, Collectif sous la direction de Roger Tessier
Vivre avec passion, David Gershon et Gail Straub
Les voies de l'émerveillement, Guy Finley
Votre corps vous parle, écoutez-le !, Henry G. Tietze
Vouloir vivre, Andrée Gauvin et Roger Régnier
* **Vous êtes doué et vous ne le savez pas,** Barbara Sher
Vous êtes vraiment trop bonne…, Claudia Bepko et Jo-Ann Krestan
Y a-t-il des perfectionnistes heureux ?, Monica Ramirez Basco

---

* Pour l'Amérique du Nord seulement.

(2002/8)

Cet ouvrage a été achevé d'imprimer
au Canada en mars 2003.

Transcontinental
IMPRESSION
IMPRIMERIE GAGNÉ